KB201544

탁월한 생각은 철학에서 시작된다

Idea no Chakuganten

탁월한 생각은
철학에서 시작된다

오가와 히토시 지음
이정미 옮김

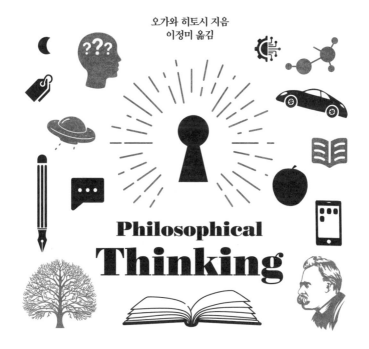

Philosophical
Thinking

오아시스
Oasis

✦

상식을 뛰어넘는 아이디어의 탄생

여러분은 '아이디어' 하면 어떤 이미지를 떠올리는가? 아마도 새롭고 흥미롭고 가슴이 두근거리는 느낌이 들 것이다. 이처럼 아이디어란 사람들을 놀라게 하는 무언 가여야 한다. 그렇다면 어떤 내용의 아이디어가 사람들 을 놀라게 할까? 그건 바로 상식을 뛰어넘는 생각이다. 좀 더 강하게 말하자면 상식을 뛰어넘지 못하는 아이디 어란 진짜 아이디어가 아니다.

비즈니스 세계에서도 상식을 뛰어넘는 아이디어를 가 진 사람들만이 게임 체인저로서 시장을 장악한다. 이른

바 가파GAFA, 미국의 주요 IT 기업인 구글, 아마존, 메타(페이스북), 애플을 뜻함가

전형적인 예다. 이들은 상식을 뛰어넘는 아이디어로 차
례차례 IT 업계를 석권하고 세계 시장을 지배했다.

하지만 가파도 생성형 AI의 등장으로 한층 더 새로운
비즈니스 모델을 제시할 수 있느냐 없느냐에 따라 운명
이 갈리고 있다. 일례로 가파는 뒤늦게 합류한 마이크로
소프트를 포함해서 가팜GAFAM이라고도 불리는데, 가장
마지막 주자였던 마이크로소프트가 현재는 AI 비즈니스
의 성공으로 승승장구하고 있다. 반대로 반석처럼 여겨
졌던 구글과 애플은 신규 비즈니스 창출에 고전하는 중
이다.

이렇게 보면 '반석盤石 위에 오른 상태'야말로 가장 큰
위험 요소가 아닐까 싶다. 어지럽게 변해가는 오늘날에
는 반석에서 안정을 취하다가 한 발짝만 뒤처져도 그대
로 묻히기 십상이니 말이다.

우리에게도 예외는 없다. 당신이 어떤 업종에 종사하
든, 기업의 규모가 크든 작든 깜박 제자리에 안주한 순간

내리막길로 들어선다. 사람들은 늘 위로 올라서려고 필사적이기 때문이다. 그래서인지 요즘에는 어떤 기업이든 기존의 방침과 성공 경험을 내던지고 열심히 혁신을 외친다. 참으로 현명한 선택이라고 생각한다.

이 혁신의 열쇠를 쥔 것이 바로 상식을 뛰어넘는 아이디어다. 그렇다면 어떻게 해야 혁신을 이끄는 아이디어를 생각해 낼 수 있을까? 답은 간단하다. 상식을 뛰어넘는 사고를 하면 된다. 다행히 이 세상에는 상식을 뛰어넘는 사고를 위한 학문이 존재하는데, 바로 철학이다. **철학은 상식을 뛰어넘는 사고를 하는 학문이자 사고법 그 자체**다. 이 책에는 이와 관련한 노하우가 남김없이 담겨 있다.

책의 구성을 간단히 살펴보면 우선은 역사상 뛰어났던 철학자들이 주장했던 10개의 착안점을 소개한다. 그다음에는 이를 어떻게 사용하면 탁월한 아이디어를 떠올릴 수 있는지 구체적인 예를 통해 설명한다. 연습 문제도 포함돼 있으니 적극적으로 활용하면 큰 도움이 될 것이다.

철학자가 아이디어와 생각법에 관련된 책을 쓰는 게

이상하다고 생각하는 사람도 있을지 모르겠다. 하지만 철학이 탁월한 생각을 떠올리는 데 매우 유용하다는 사실을, 철학을 교양으로 접해 온 경영인이나 컨설턴트가 말하기보다는 철학자가 주장하는 편이 훨씬 안정감과 설득력이 있다. 왜냐하면 철학은 그 어떤 학문보다 난해하기 때문이다.

나는 이 이해하기 어려운 철학을 시민들이 이해하기 쉽게 전달하는 일을 인생의 과업으로 삼아 왔다. 시민들과 보통의 언어로 철학을 하는 '철학 카페'를 약 20년 동안 천 회 이상 열었고, NHK를 비롯한 TV 방송에서 철학을 소개하는 일도 햇수로 7년째 하고 있다. 그만큼 철학을 쉽게 설명하는 일에서만큼은 그 누구에게도 뒤지지 않는다고 자부한다.

그럼에도 여전히 철학자가 아이디어를 만드는 일을 얼마나 알겠느냐고 의문을 던지는 분이 있다면 독자 여러분이 안심하고 책을 읽을 수 있도록 중요한 정보 하나를 더 전달해 두겠다. 앞에서 가파가 상식을 뛰어넘는 아이디어를 차례차례 선보였다고 말했는데, 사실 그 배경에는 철학자의 힘이 자리하고 있다. 가파에서는 아이디어를 낼 때 철학자들을 고용해 그들의 도움을 받아 왔다. 철학자도 비즈니스 분야에 조언하는 일이 충분히 가능하다.

일전에 나는 이토추 상사에서 일한 적이 있다. 그러다 묘한 인연으로 철학자가 되었는데, 지금도 내 안에는 여전히 비즈니스인의 마인드가 있다. 그 덕분에 철학을 일에 활용하는 '비즈니스 철학 연수'의 선구자 중 한 명으로도 활약하고 있다.

AI와 DX디지털 전환가 한창인 지금, 일의 세계에서는 철학이 어떻게 사용되기 시작했을까? 또 철학은 우리에게 어떤 놀라운 아이디어를 가져다줄 수 있을까? 그리고 탁월한 생각은 어떻게 우리의 삶을 바꾸는 강력한 무기가 될 수 있을까? 여러분이 이 책을 통해 직접 확인할 수 있기를 바란다.

차례

2장
탁월한 생각을
만들어 내는 사고 습관

✦

철학은 어떻게 탁월한 생각을 만들어 내는가?

아이디어란 무엇일까?

아이디어란 일반적으로 두 개 이상인 개념의 조합을 일컫는다. 예를 들어 사과와 주스를 섞으면 사과주스라는 아이디어가, 카레와 소고기덮밥을 합치면 카레소고기덮밥이라는 아이디어가 탄생한다. 조합하는 방식이 독특하면 독특할수록 특별한 아이디어가 만들어진다. 따라서 착안점의 독특함과 아이디어의 독특함은 비례한다고 볼 수 있다.

아이디어의 어원은 고대 그리스어인 '이데아'에서 찾을 수 있다. 이데아란 고대 그리스의 철학자 플라톤이 내세운 개념으로 '지금 여기에 없는 이상적인 상태'를 말한다. 즉, 아이디어란 지금 여기에 없는 이상理想을 가리킨다. 아직 없기 때문에 새롭게 탄생하는 것이며 그렇기 때문에 가치가 있다.

그러므로 아이디어는 어느 누구도 예상하지 못할 만큼 놀라울수록 좋은 평가를 받는다. 이제 기업뿐 아니라 많은 영역에서 이러한 아이디어를 원하고 있다. 물론 이는 최근 들어서 시작된 현상은 아니다. 좀 과장해서 말하면 인류의 역사가 시작된 순간부터 인간은 끊임없이 새로운 아이디어를 갈구해 왔다. 아이디어는 인간의 생존과 직결되기 때문이다. 고도의 지능을 가진 인류가 수많은 자연의 위협 속에서 살아남으려면 아이디어를 짜내야만 했다.

추위를 견디기 위한 아이디어

맹수에게서 몸을 피할 아이디어

사냥감을 얻기 위한 아이디어

사람들을 통합시킬 아이디어

그리하여 인류는 다양한 물건을 발명하고 지구를 지배한 동시에 자신들의 일상을 효율적이고 쾌적하게 만들었다.

잠시 주변을 둘러보자. 눈에 들어오는 모든 사물이 사실은 아이디어와 다름없다. 컵, 젓가락, 공책, 커튼과 같이 단순한 물건에서부터 우리가 입고 있는 옷, 입에 넣는 사탕, 머무르고 있는 방 등 의식주 생활에 없어서는 안 될 모든 것들이 사실은 아이디어에서 출발했다.

이쯤 되면 '살아가는 것 자체가 아이디어다'라는 말이 이해가 간다. 아무것도 없이 이 세상에 내던져진 인간은 살기 위해 아이디어를 짜내고, 살아 있는 한 계속해서 아이디어를 생각해야만 한다.

신이 인간에게만 준 특별한 힘

앞서 언급한 플라톤에 따르면, 인간에게 아이디어를 생각해 낼 힘이 생긴 데에는 아주 우연한 사건이 계기가 되었다. 플라톤은 《프로타고라스》에서 인간이 어떻게 탄생했는지를 묘사했는데, 신이 인간을 만들 때 어떤 능력을 부여하면 좋을지 에피메테우스라는 인물에게 맡겼다. 그런데 그가 그만 큰 실수를 저질러서 인간은 아무런 능력도 부여받지 못하고 말았다. 당황한 에피메테우스의 형 프로메테우스는 무능력하게 태어난 인간에게 기술을 전해 주기로 했다. 이로써 인간은 기술을 쓰는 능력을 갖추게 된 것이다.

여기서 말하는 기술이란 물건을 만드는 능력으로, 바꿔 말하면 아이디어를 내는 힘이라고 해석할 수 있다. 이렇듯 우연히 아이디어를 생각해 낼 힘을 손에 넣은 인간은 덕분에 다른 동물보다 압도적으로 우위에 설 수 있었다. 아무리 날개가 있어서 하늘을 난다 해도, 날카로운

이빨로 사냥감을 잡는다 해도 인간의 아이디어를 당해내
진 못했으니 말이다. 왜냐하면 아이디어는 무한히 생성
되기 때문이다.

아이디어가 그 무엇보다 대단한 이유는 무한히 만들
어진다는 데 있다. 하나로 한정된 힘이 아니라 가능성의
끝이 어디까지인지 알 수 없다는 뜻이다. 어떠한 발상을
하느냐에 따라 때로는 말도 안 되는 물건이 탄생하기도
한다. 지구를 멸망시킬 수도 있는 원자력이 발명됐듯이,
혹은 인류를 위협할지도 모르는 자율형 AI가 탄생하고
있듯이 말이다. 아이디어는 무한한 잠재력을 내포한 무
서운 힘이다. 그리고 이러한 힘을 발휘하도록 돕는 것이
인간이 지닌 또 다른 힘인 **생각하는 능력**이다. 특히 그중
에서도 상식을 뛰어넘고 끝을 알 수 없는 의외의 발상을
가능케 하는 철학이라는 행위가 아이디어를 무한하게 만
든다.

철학은 왜 아이디어 발상에 도움이 되는가?

그렇다면 아이디어를 무한하게 만드는 철학이란 어떤 행위일까? 철학을 배운 적이 없는 사람에게 철학의 의미를 한 번에 가르치기란 어려운 일이다. 이럴 때 나는 다음과 같은 타원형 그림을 사용한다. 화면에 속이 빈 타원 모양을 띄우고 "여기에 가치를 부여해서 팔려면 어떻게 해야 할까요?"라고 묻는다. 특별할 것 없는 그림에서 새로운 의미를 발견하기 위해서다. 왜냐하면 그것이 바로

● 철학을 쉽게 설명할 때 쓰는 타원 모양 ●

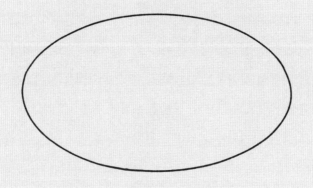

철학이기 때문이다.

철학은 당연한 일에 의문을 품는 학문 혹은 사물의 본질을 탐구하는 학문이라고들 말한다. 물론 이러한 표현도 틀리지는 않지만 이 때문에 철학이 사물의 새로운 의미를 발견한다는 특성은 그다지 주목받지 못했다. 하지만 **철학의 진짜 의의는 사물의 새로운 의미를 발견하는 데 있다.**

바꿔 말하면 상식의 틀을 넘어서서 생각한다는 뜻이기도 하다. 평범하게 생각하면 아무것도 아닌 것을 일부러 틀을 깨고 나아가 전혀 다른 방식으로 파악해 보는 것이다. 이 부분이 단순히 '생각한다'라는 행위와 '철학'의 차이이기도 하다.

우리는 평소에 사물을 바라볼 때 기본적으로 상식의 틀 안에서 생각하기 마련이다. 하지만 그래서는 새로운 발상은 나오지 않는다. 발상을 새롭게 하고 남들이 생각지 못한 아이디어를 꺼내기 위해서는 상식의 틀을 넘어서야 한다.

철학적 사고의 3단계

그렇다면 어떻게 해야 상식의 틀을 넘어설 수 있을까? 이를 위해서는 3가지 단계가 필요하다. 철학적으로 사고하기 위한 3단계 과정이다.

1단계: 의심하기
2단계: 시점 바꾸기
3단계: 재구성하기

물론 생각한 내용을 이후에 가지런하게 언어화하는 단계를 거쳐야 한다. 왜냐하면 인간은 언어화하지 않으면 진짜로 생각했다고 말할 수 없기 때문이다. 한번 시험 삼아 언어를 쓰지 않고 어떤 아이디어든 머릿속에 떠올려 보라. 아마도 불가능할 것이다. 가령 그림을 떠올린다 해도 이를 설명하려면 결국 언어가 필요하다.

철학적 사고는 구체적으로 다음과 같은 과정을 거친

다. 첫 번째 단계 '의심하기'에서는 우선 자신이 대상에 대해 어떻게 생각하고 있는지 전제를 확인해야 한다. 말하자면 대상에 관한 지식과 생각의 재고 조사와 같다. 기존의 생각들을 파악해야 비로소 이를 제외한 관점을 취할 수 있기 때문이다.

그다음에는 '시점 바꾸기'다. 여기서는 가능한 다양한 시점으로 대상을 바라봐야 한다. 우리는 보통 자신의 관점으로만 사물을 보기 때문에 다면적으로 파악하지 못하는 경향이 있다. 그러면 사물의 본질은 영영 보이지 않는다.

다양한 시점으로 사물을 바라본 다음에는 '재구성'해야 한다. 특히 이제껏 자신이 깨닫지 못했던 요소들에 집중해서 사물을 다시 봐야 한다. 그리고 마지막에는 이를 언어화한다.

아울러 철학적 사고를 하는 과정에는 비사고적 요소들이 불가피하게 작용한다. 본능, 직관, 신체, 감정, 경험, 의지, 욕망과 같은, 의식적인 사고와는 다른 요소가 인간

● 철학적 사고의 3단계 ●

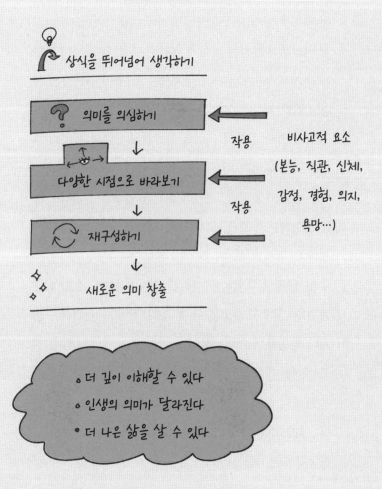

상식을 뛰어넘어 생각하기

의미를 의심하기

↓

다양한 시점으로 바라보기

↓

재구성하기

↓

새로운 의미 창출

작용

작용

비사고적 요소
(본능, 직관, 신체,
감정, 경험, 의지,
욕망…)

○ 더 깊이 이해할 수 있다

○ 인생의 의미가 달라진다

● 더 나은 삶을 살 수 있다

의 생각에 영향을 미친다. 가령 어떤 시점으로 파악하고 싶은지, 어떻게 통합하면 좋을지에 대해 고민할 때 자신이 의식하지 못하는 사이에 직관과 감정, 욕망 등이 판단을 좌지우지한다. 그러므로 철학적 사고의 결과물은 사람에 따라 제각각이다.

다시 말해 철학적 사고의 결과로써 도출한 사물의 본질은 사람에 따라 다르다. 철학에 정답은 없다고 말하는 이유가 여기에 있다. 하지만 이는 유일하고 절대적인 정답이 없다는 뜻으로, 그때그때 도출되는 답은 분명히 존재한다.

또 뒤에서 자세히 설명하겠지만 비사고적 요소 때문에 AI는 철학적 사고를 할 수 없다. 현재로선 AI에는 의지나 욕망이 없기 때문이다.

이것이 철학적 사고 과정의 기본이다. 이와 같은 과정을 통해 우리는 세상을 새로운 언어로 다시 파악할 수 있다. 그리고 이 새로운 언어를 설계도 삼아 새로운 가치를 창출할 수 있다.

모든 사물은 언어로 형성된다. 아무리 복잡한 기술에도 예외는 없다. 따라서 새로운 언어는 새로운 설계도와 같다. 일찍이 프랑스 철학자 들뢰즈는 "철학이란 개념을 창조하는 일이다"라고 설파했는데, 실로 철학이란 새로운 언어와 개념을 만드는 도구와 같다. 현대 사회에서는 이러한 창의적인 행위로서 철학을 재인식해야 한다.

철학적 사고의 결과, 우리는 사물을 더 깊이 이해할 수 있으며 인생의 의미마저 새롭게 파악할 수 있다. 나아가 지금보다 더 나은 삶을 살 수 있다. 사실 이는 철학의 아버지라 불리는 고대 그리스 철학자 소크라테스가 한 말이다. **철학의 궁극적인 목적은 더 나은 삶을 살기 위함이라고.**

이 책 1장에서는 세상이 다르게 보이는 철학자 10인의 관점을 소개한다. 여기에서는 10가지 철학적 개념을 다루고 그것이 얼마나 훌륭한 철학적 사고인지를 논한다. 그리고 소개한 10가지 철학적 개념을 활용해 어떻게 아이디어를 내는지도 설명한다.

여기서 잠시 각각의 철학적 개념과 앞서 설명한 철학적 사고 과정이 무슨 관계가 있는지 궁금한 분들을 위해 설명하자면, 철학적 사고 과정은 어디까지나 철학적으로 사물을 생각할 때 기본 바탕을 이룬다. 따라서 철학자 10인의 착안점 전체에 철학적 사고 과정이 반영되어 있다.

정리하자면 모든 철학적 개념은 철학적 사고의 산물이다. 그러므로 우리가 철학적 사고를 실천하려면 철학적 사고의 3단계를 밟아야 한다. 단, 아이디어를 구상하는 데에만 집중한다면 10가지 착안점을 도구처럼 단독으로 사용할 수도 있다.

이와 같은 의미에서 이 책의 목적은 철학적 사고 자체를 실천하는 것이 아니라, 10가지 특별한 착안점을 마치 도라에몽의 도구처럼 사용하여 일상에서는 떠올릴 수 없는 아이디어를 구상해 내는 데 있다. 이러한 전제를 바탕으로 책을 읽어 나가길 바란다.

철학이 일터에서 어떻게 쓸모 있는가?

유럽과 미국의 기업에서는 꽤 오래전부터 철학자를 고용해 왔다. 저명한 철학자를 대학에서 스카우트 해 오는 경우도 있다. 특히 구글과 애플 등 가파라고 불리는 거대 IT 기업이 세계를 석권한 배경에는 철학의 활용이 큰 부분을 차지했다고 해도 과언이 아니다. 경영자들은 참신한 발상이 필요할 때마다 철학자들에게 기대 왔다.

그리고 일본에서도 요즘에는 행정, 기업, 지역 사회 등 여러 분야에서 철학을 활용하기 시작했다. 여기에는 어떤 배경이 자리하고 있을까? 그동안 직장인을 위한 철학 연수를 해온 입장에서는 적어도 다음과 같은 5가지 이유가 있다고 판단한다.

첫째는 글로벌 시대이기 때문이다. 유럽, 미국과 같은 선진국의 인재들과 경쟁하려면 그들이 배우는 철학을 우리도 배워야 한다. 두 번째는 롤 모델이 없는 시대이기 때문이다. 이제는 무엇을 해야 성공할지 어느 누구도 장담하지 못한다. 이러한 상황에서는 제로에서부터 다시 생각할 필요가 있는데 철학이 여기에 딱 들어맞는 사고법이다.

세 번째 이유는 AI 시대를 들 수 있다. 논리적인 사고는 AI가 얼마든지 해주기 때문에 인간은 창의적인 사고를 하지 않으면 살아남기 어렵다. 앞에서도 언급했지만 철학은 더할 나위 없이 창조적인 사고 과정이다. 네 번째는 팬데믹 시대를 꼽을 수 있다. 코로나19로 인한 위기는 어느 정도 수습되었지만 언제 어디서 또다시 새로운 바이러스가 인류를 덮칠지 모른다. 그때마다 상식의 재정의가 필요해질 텐데, 알다시피 철학은 개념을 재정의하는 행위이므로 이 부분에서도 필요성이 크다.

다섯 번째 이유는 부카VUCA 시대이기 때문이다. 부카란 변동성Volatility, 불확실성Uncertainty, 복잡성Complexity, 모호성Ambiguity의 앞 글자를 딴 말로, 불확실한 시대를 상징하는 용어다. 이제는 과거의 데이터에 의존할 수 없는 상황이 된 까닭에 철학처럼 주관적인 사고가 중요해졌다.

확실히 예전에는 사고를 할 때 객관성이 최우선시되었다. 객관적인 자료를 기반으로 논리적으로 사고하면 올바른 정답이 도출되었다. 마치 수학 공식에 수치를 대입하듯이 말이다. 하지만 이러한 사고법은 무엇을 하면 좋을지 명확했던 시대에는 유효했으나, 무엇을 해야 할지 알 수 없는 시대에는 제대로 기능하지 못한다. 불확실한 시대에는 무엇이 정답인지 모르기 때문에 객관성에만 의존하기는 어렵다.

이러한 이유로 감성을 가미한 디자인적 사고(문제를 해결하기 위해 창의적인 방법을 찾는 과정-옮긴이)가 등장했는데 이 역시 데이터를 근거로 한다는 점에서 기존의 사고법과 근본적으로 다르지는 않다. 따라서 주관적인 측면에서 이루어지는 철학적 사고법이야말로 주목을 받게 된 것이다.

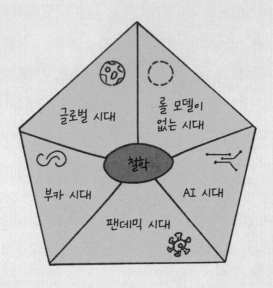

철학적 사고를 당신의 일터에 적용하는 법

그렇다면 철학적 사고를 일할 때에도 활용할 수 있을
까? 여기서 잠시 내가 하고 있는 직장인을 위한 철학 연
수를 소개하고자 한다. 이 연수의 목적은 비즈니스에 철

학을 접목시키기 위함이다. 기본적으로는 철학적 사고를 익혀서 실제 업무에 응용하는 법부터, 아이디어 구상, 문제 발견, 최신 윤리 등을 이해하고 연습한다.

가장 먼저 철학적으로 생각하는 방법을 배우는 과정에서는 철학이란 무엇인지, 지금 왜 철학이 필요한지에 대해 알아본 뒤, 철학적 사고의 기본 과정인 '의심하기, 시점 바꾸기, 재구성하기, 언어화하기'의 각 단계를 공식을 이용해서 연습해 본다. 좀 더 구체적으로 말하면 업무 중 맞닥뜨리는 문제를 소재로 이 문제를 구성하고 있는 핵심 키워드에 대해 철학적으로 사고해 보는 일이다.

가령 '새로운 영업 방법을 개발하고 싶다'라는 문제가 있다면 어떨까? 여기서는 '영업'이 바로 키워드가 된다. 문제의 키워드를 스스로 정의해 본 후 의심하고 시점을 바꿔 보면서 재정의하는 작업이다. 이렇게 하면 생각지도 못했던, 상식을 뛰어넘는 영업의 개념이 만들어진다.

이 연수에서 한 참여자는 처음에 영업이란 단순히 상품을 팔아서 이익을 남기는 행위라고 생각했다. 그런데 철학적 사고로 재정의해 본 결과, 영업은 인간으로서 자신의 가능성을 시험하는 일이자 주변 사람에게 감동을 전해 주는 행위라고 새롭게 인식하게 되었다. 그는 영업營業의 뜻을 '영예로운 위업榮業'이라고 바꿔 생각하자고 제안하기도 했다.

중요한 사실은 이렇게 개념을 다시 파악함으로써 영업의 방식이 지금까지와는 완전히 달라진다는 점이다. 그저 할당된 시간을 채울 뿐이었던 고된 노동이 갑작스레 자신의 가능성을 시험하고 사람들에게 감동을 주는 근사한 일로 탈바꿈한다. 참여자는 지금까지는 상품과 자기 자신을 팔아 치우기 바빴는데, 앞으로는 자신의 가능성을 보여 주기 위해 일하겠다고 말하기도 했다. 이로써 고객에게 진심으로 상품을 파는 새로운 영업 전략이 탄생한 것이다.

직장인을 위한 철학 연수에서는 이처럼 혁신적인 개념이 끊임없이 탄생한다. 또한 철학적 사고는 일과 삶에서 우리의 경쟁력이자 지혜의 도구가 되어 준다.

철학적 사고를 중요하게 생각하기 시작한 기업들

특히 1장에 실린 연습 문제는 내가 실제로 연수에서 쓰는 내용이다. 다양한 철학적 개념을 사용해 색다른 아이디어를 짜는 법을 연습하는 과정이다. 문제 발견에 중점을 둔 연습 문제는 계속해서 새로운 질문을 만들게 한다. 왜냐하면 문제 발견이란 흥미로운 질문으로 이상적인 상태를 가정하고, 이상과 현실의 차이를 깨닫는 데서 시작하기 때문이다. 이 차이가 곧 문제가 된다.

따라서 이러한 연습 단계에서는 다양하고 독특한 질문을 던지는 법, 깊이 있는 질문을 하는 법 등을 학습한다. 그리고 여기서 만든 질문이 문제를 설정하는 데 사용된다. 어떻게 문제를 설정하느냐는 AI가 아닌 인간만이 할 수 있는 일이므로 문제 발견에 중점을 둔 연습이 필요하다.

또 대부분의 사람들은 윤리학을 배운 경험이 없다. 고등학교에서 윤리 과목을 선택해서 배웠다고 해도 이것과 윤리학은 다른 학문이기 때문이다. 윤리학이란 무엇이 올바른지를 생각하는 학문이다. 올바름의 기준을 익히고 실제로 이를 사용해서 자신의 일과 관련한 윤리 규정까지 만들어 보는 연습도 좋다. 지금은 공익을 우선하는 시대이므로 어떻게 하면 사업을 윤리적으로 이끌어 가느냐가 성공의 열쇠가 된다. 이러한 의미에서 윤리 연수는 최근 들어 주목을 받기 시작했다.

위와 같은 연수와는 별개로 나는 '철학 카페'를 열기도 한다. 설득이 아닌 서로 납득하기 위한 대화를 하는 공간이다. 직장 내 괴롭힘과 같은 미묘한 문제를 다루기도 하고, 예민한 사안에 대해 서로의 합의점을 찾아보기도 한다.

지금 선견지명이 있는 기업에서는 하나둘 철학에 관심을 보이고 있다. 그만큼 이제는 새로운 발상이 필요한 세상이 찾아왔다는 뜻이 아닐까?

AI는 왜 철학적으로 생각할 수 없는가?

지금은 AI의 전성기라고 해도 과언이 아니다. 챗GPT
와 같은 생성형 AI의 등장으로 이러한 흐름은 더욱 확실
해지고 있다. 어쩌면 조만간 더욱 발달한 형태의 AI, 즉
인간처럼 의식을 지닌 자율형 AI도 등장하지 않겠느냐는
말이 나올 정도다.

의식을 가진 로봇까지는 아니더라도 적어도 AI가 인
간의 사고에 필적하는, 아니 그 이상의 사고를 하기까지
는 시간문제라고 생각한다. 지금도 논리적 사고에 있어
서는 이미 인간을 능가했고 예술이나 문학에까지 손을
뻗치고 있으니 말이다.

하지만 AI가 철학적으로 사고하기는 어렵다. 철학은
단순한 논리적 작업이 아니기 때문이다. **철학은 '전인격
적인 행위'**에 해당한다. 앞서 철학적 사고 과정을 설명하
면서 '의심하기, 시점 바꾸기, 재구성하기'라는 일련의 단
계를 거칠 때 인간의 의지와 욕망, 직관처럼 의식적인 사

고와는 관계없는 비사고적 요소가 영향을 미친다고 말했다. 예를 들어 '어떠한 시점으로 볼 것인가'는 인간의 의지이자 욕망의 범주 안에 포함된다. 그저 직관적으로 지금까지와는 다른 시점을 취할 때도 있는 것이다.

반면 AI에는 그러한 요소가 없다. 만일 그러한 요소를 갖는다면 이는 더 이상 AI가 아니라 인간이다. 따라서 AI가 AI인 이상 철학적 사고는 불가능하다. 이렇게 판단하면 철학을 활용해 아이디어를 구상하는 행위는 AI가 결코 할 수 없는 영역의 일이다.

철학이란 AI에 지지 않는 거의 유일한 사고법이며, 철학으로 탄생한 아이디어는 AI의 사고를 크게 뛰어넘는다. 현재 AI가 만들어 내고 있는, 언뜻 아이디어처럼 보이는 결과물들은 모두 단순한 조합에 지나지 않는다. AI는 철학으로 표현되는 독특한 조합을 만들어 낼 수 없다.

AI는 아무리 많은 문제를 해결하더라도 문제를 직접 발견하지는 못한다는 말이 있다. 문제를 발견하는 행위는 곧 의미를 발견하는 행위이므로, 의미가 무엇인지 이해하지 못하는 AI로서는 불가능한 과제이기 때문이다. 똑같은 논리가 아이디어 창출에도 적용된다. 이처럼 대단한 철학적 사고법 중에서 아이디어를 만드는 데 필요한 10개의 시점을 1장에서 엄선하여 소개하겠다.

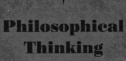

Philosophical
Thinking

1장

철학자들의
생각법

이 장에서는 독특한 착안점을 지닌 철학자 10명의 사고방식을 살펴보고, 철학적 개념을 응용하는 방법을 연습한다. 엄선한 철학자들은 모두 이름만 들어도 알만큼 철학사에서 매우 유명한 인물이다. 고대 그리스부터 현대에 이르기까지 다양한 시대를 다루며 순서는 되도록 시대순을 따랐다. 각각의 철학자가 왜 그 착안점을 주장하게 되었는지, 또 그 착안점의 어느 부분이 특별한지, 나아가 이를 어떻게 응용할 수 있는지를 중점적으로 읽길 바란다. 그리고 구체적으로는 어떻게 그 철학을 활용하면 좋을지 예시 문제를 제시하고, 실제로 연습해 볼 수 있도록 연습 문제와 워크시트를 덧붙였다. 실제 상황에서 사용하는 구체적인 방법은 직접 풀어 보면서 연습하길 바란다.

모든 아이디어는
이야기에서 시작된다
아리스토텔레스의 '시학'

고대 그리스의 철학자 아리스토텔레스가 쓴 《시학》은 가장 오래된 창작 이론서라고 할 수 있다. 여기에는 비극과 희극에 관한 아리스토텔레스의 상세한 분석이 담겨 있다. '시학詩學'이라는 제목으로 알려졌지만, 내용을 들여다보면 좀 더 보편적인 창작의 본질을 탐구하는 책이다. 사실 이 작품의 원제는 그리스어로 '페리 포이에티케스'인데, 직역하면 '창작의 기술에 관하여'라는 의미이기 때문이다.

그런데 왜 아리스토텔레스와 같은 철학자가 이런 책을 썼을까? 시대적 배경을 살펴보면, 고대 그리스에서 서사시나 비극 등이 크게 유행한 점을 들 수 있다. 요즘 사람들이 영화나 애니메이션, 만화 등을 논하는 것과 비슷하다.

그리고 또 다른 중요한 이유는 아리스토텔레스가 창작과 인간의 관계에 깊은 관심을 보였다는 점이다. 이는 《시학》을 비롯한 그의 다른 저서들에서도 자주 드러난다. 아리스토텔레스는 창작이 지닌 힘을 눈여겨보았다. 참으로 철학자다운 착안점이 아닐 수 없다. 무언가를 창작하려면 에너지가 필요하므로 창작에는 커다란 힘이 작용한다. 어떤 의미에서 보면 우리가 단순히 일상생활을 보낼 때는 발현되지 않는 힘이다. 다들 한 번쯤 미술 시간에 그림을 그리거나 국어 시간에 시를 써 본 경험이 있을 테니 잘 알겠지만, 창작이란 분명 조금 특별한 행위다.

하지만 아리스토텔레스는 창작이 인간에게 결코 특

별한 행위가 아니라고 말한다. 시를 쓰는 일만 놓고 봐도 이는 **인간의 본성에서 우러나온 자연스러운 행동**이라고 했다. 자연의 일부인 인간은 자연에 친밀감을 느끼고 의식적이든 무의식적이든 자연과 하나가 되고자 한다. 그래서 '새처럼 아름답게 노래하고 싶다, 꽃처럼 예쁘게 피고 싶다'처럼 자연을 모방하고 싶은 감정이 생겨나고 이것이 창작으로 이어진다. 이에 따라 아리스토텔레스는 창작에서 모방의 의의를 특히 중시했다.

이야기는 어떻게 만들어지는가?

문제는 '모방을 어떻게 형상화하느냐'다. 아리스토텔레스는 비극을 예로 들어 그 방법을 설명한다. 비극에는 스토리, (등장인물의) 성격, 대사(언어의 조합), 사고, 시각적 효과, 노래와 같은 6가지 요소가 있다. 이 중에서 가장 중요한 요소는 스토리다.

여기서 스토리란 '행위에서 비롯된 여러 사건의 조합'을 가리킨다. 예를 들어, 한 사람이 어떤 행위를 하면 이를 계기로 다양한 사건이 발생한다. 이러한 사건을 효과적으로 구성하여 연결한 것이 바로 스토리다. 그런데 스토리를 만들 때 주의해야 할 전제가 있다. 모든 이야기에 응용할 수 있는 중요한 부분으로, 아리스토텔레스는 다음 3가지 항목을 언급한다.

① 전체성
② 통일성
③ 보편성

먼저 전체성이란 쉽게 말해 '처음, 중간, 끝'이 있어야 함을 뜻한다. 누구나 알다시피 스토리에서 처음과 끝은 정말 중요하다. 그리고 처음과 끝 사이에는 반드시 중간이 있어야 한다. 이야기를 만들 때는 최소한 이 '처음, 중간, 끝'을 염두에 두고 전체적인 질서와 크기에 주의를 기울여야 한다.

아리스토텔레스는 "아름다움은 질서와 적절한 크기 안에 있다"라고 말했다. 전체가 질서를 이루고 이와 관련하여 적절한 크기를 갖는 것이 미의 요건이라는 뜻이다. 스토리로 말하자면 너무 짧아서도, 너무 길어서도 안 된다는 말이다. 이야기가 사방팔방 퍼져 나갔다가는 끝을 모르고 늘어지면서 질서도 잃어버리기 쉽다.

다음으로 통일성이란 하나로 통합될 수 있어야 한다는 말이다. 불필요한 요소가 들어가서는 안 된다는 뜻이기도 하다. 물론 본론과 연관 있는 탈선은 오히려 이야기를 풍부하게 하지만, 아무런 관계가 없다면 그저 통일성만 해칠 뿐이다. 이 점을 의식해야 한다.

아리스토텔레스에 따르면 어떤 부분이 본질에 영향을 미치지 않는다면 그것은 통일성을 해치는 요소라고 한다. '통일성'이라는 말을 해석하기란 간단치는 않은데 어쨌거나 이것이 하나의 기준이 될 수 있을 것이다.

마지막은 보편성이다. 보편성이란 말 그대로 누구에

게나 해당할 수 있는 일이라는 뜻이다. 흥미롭게도 아리스토텔레스는 보편성을 설명하기 위해 이야기와 역사를 비교한다. 역사에 등장하는 인물과 사건은 실재했기 때문에 고유성을 지닌다. 따라서 역사책을 읽을 때 우리는 역사 속 인물과 같은 사람이 되려고 하지 않으며, 될 수도 없다.

하지만 이야기는 다르다. 가령 역사상의 인물을 모델로 삼더라도 그는 어디까지나 누구에게나 해당할 수 있는 가상의 인물이다. 이게 바로 보편성이라는 요소다. 스토리는 반드시 읽는 이에게 '아, 나도 이런 경험을 해 보고 싶다'라는 감정이 들게 해야 한다. 그렇지 않으면 사람들을 끌어당길 수 없다.

나 역시 짧은 카피 문구에서부터 에세이, 나아가 한 권의 책에 이르기까지 다양한 장르의 글을 다뤄 왔지만, 아리스토텔레스가 말한 이 3가지 요소를 의식하기 전까지는 의외로 전체성, 통일성, 보편성이 결여된 문장을 많이 썼다. 그건 아마도 문장을 제3자의 입장에서 한 발짝 물러

선 채 파악하지 못했기 때문이라고 생각한다. 쓰는 행위에 집중하다 보면 나무를 보느라 숲을 보지 못하는 상황이 펼쳐진다. 아리스토텔레스가 말했듯이 **스토리란 조합이므로 항상 전체적인 모습을 의식하면서 작성해야 한다.**

이와 같이 이야기의 전체 구성을 논한 다음, 아리스토텔레스는 비극에서 중요한 '반전, 인지, 수난'이라는, 스토리의 변화를 불러오는 기법에 대한 분석을 이어간다. 훌륭한 비극적 스토리가 탄생하려면 상황이 반전되거나, 몰랐던 진실을 알게 되는 인식의 과정이 필요하며 불행과 고통이 뒤따라야 한다는 내용이다.

이 밖에도 《시학》에서는 비극을 소재로, 스토리 이외의 요소에 대해서도 상세하게 분석한다. 그런 까닭에 창작을 다룬 고전으로서 많은 이들에게 꾸준히 읽히고 있다.

아리스토텔레스 B.C.384~B.C.322

고대 그리스의 철학자. 아버지는 마케도니아의 궁정 의사였다. 플라톤의 제자이자 알렉산드로스 대왕의 어릴 적 가정교사이기도 했다. 다양한 학문의 기초를 쌓아 '만학의 아버지'라고 불린다.

끌리는 스토리를 만들기

✦ 응용 포인트

아리스토텔레스의 창작에 관한 기본적인 발상은 우리가 아이디어를 낼 때, 특히 최근 비즈니스에서 중요시되는 '경험 중심 소비'를 염두에 둘 때 유용하다. 경험 중심 소비란 물건을 사는 행위인 '사용 중심 소비'에 대비되는 개념으로, 상품이나 서비스 구입으로 얻는 체험에 가치를 두는 소비 경향을 말한다. 요즘에는 사용 중심 소비보다는 경험 중심 소비를 중시하는 추세로 소비자에게 얼마나 매력적인 스토리를 전달하느냐가 비즈니스에서 중요한 요소로 떠오르고 있다.

또한 스토리는 경험 중심 소비에서 한 발짝 더 나아간 '체험 중심 소비'를 이끌어 낼 때도 유용하다. 체험 중심 소비란 경험 중심 소비보다 단시간에 이루어지는 일회성 체험을 위한 소비인데, 이 역시 스토리를 필요로 한다.

✦ 활용 상황

- 상품의 광고문을 작성할 때
- 효과적인 발표 자료를 만들고 싶을 때

그럼 지금부터 아리스토텔레스가 이야기를 만들 때 중시해야 한다고 말한 3가지 포인트인 '전체성, 통일성, 보편성'을 의식하면서 '경험 중심 소비'를 이끌어 내기 위한 이야기를 만들어 보자.

✦ 활용 방법

❶ 전체성을 위해서는 시작, 중간, 끝으로 나눈 다음 전체가 적당한 길이와 질서를 갖추도록 한다.

❷ 통일성을 위해서 관계없는 이야기는 넣지 않는다.

❸ 보편성을 위해서 누구에게나 해당하는 이야기인지

확인한다.

이 세 부분을 염두에 두고 이야기를 만들어 보자.

예시 문제

일본으로 온천 여행을 떠나고 싶게끔 하는 스토리를
4문장 이내로 적어 보자.

....

....

....

....

....

....

....

....

마치 지브리 애니메이션 속 한 장면에 있는 듯한 두근거림. 도시에서는 볼 수 없는 자연 풍경 속에서 유카타를 입고 일본 거리를 걸어 본다. 한껏 달아오른 피부를 스치는 차가운 공기에 마음속까지 상쾌해진다. 아, 온천 여행 오길 잘했다.

설명

우선 전체성 항목에서는 '마치 지브리 애니메이션 속 한 장면에 있는 듯한 두근거림'이 시작이고, '도시에서는 볼 수 없는 자연 풍경 속에서 유카타를 입고 일본 거리를 걸어 본다. 한껏 달아오른 피부를 스치는 차가운 공기에 마음속까지 상쾌해진다'가 중간, '아, 온천 여행 오길 잘했다'가 끝에 해당한다.

통일성 부분을 살펴보면 전체적으로 불필요한 이야기는 들어 있지 않다. 장소의 이미지, 감정, 상황, 결론을 군더더기 없이 효과적으로 넣었다.

보편성 항목에서는 비교적 연령이나 성별에 상관없이 누구에게나 해당할 수 있는 설정으로 보인다.

(연습 문제)

신형 SUV를 사고 싶게끔 만드는 이야기를 4문장 이내로 써 보자.

....

....

....

....

....

....

....

....

＊

본 것을
그대로 믿지 마라

칸트의 '코페르니쿠스적 전환'

근대 철학에 커다란 전환점을 가져온 이가 독일 철학자 임마누엘 칸트다. 칸트는 우리가 사물을 바라보는 관점을 180도 바꾸어 놓았다. 그야말로 독특하고 특별한 착안점을 제시한 인물이다.

인간이 사물을 보고 생각하는 과정을 철학 용어로 '인식'이라고 하는데, 바로 어떤 물건을 보고 이게 대체 무엇인지를 이해하는 과정이다. 예를 들어, 사과를 보고 우리는 그것이 빨갛고 동그란 과일이라고 생각한다. 왜냐하면 우리의 시각 정보에 의하면 사과는 빨갛고 동그랗기 때문이다.

하지만 칸트는 정반대의 의견을 내놓는다. 사과가 빨갛고 동그란 것이 아니라, 그저 우리 인간이 그렇게밖에 보지 못할 뿐이라고 말한다. 다시 말해 우리가 사물을 인식하는 것이 아니라, 반대로 **사물이 우리의 인식에 맞춰 존재한다**는 뜻이다.

이러한 관점은 태양이 아닌 지구가 돌고 있다는 지동설을 주장한 코페르니쿠스에 비유되며 '코페르니쿠스적 전환'이라고 불린다. 하지만 어찌 보면 천체를 바라보는 관점만이 아니라 이 세상에 존재하는 모든 사물을 바라보는 관점을 역전시켜 놓았으므로 코페르니쿠스를 뛰어넘는 사고방식이라 할 수 있다.

● 코페르니쿠스적 전환 ●

기존의 사고방식

빨갛고 동그랗네

사과

인간이 사물을 인식한다

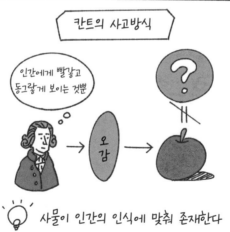

칸트의 사고방식

인간에게 빨갛고
동그랗게 보이는 것뿐

오
감

?

사물이 인간의 인식에 맞춰 존재한다

인간은 진짜 세계를 볼 수 없다

칸트는 인간이 사물을 인식하는 구조에 대해 다음과 같이 설명한다.

먼저 우리는 감성을 사용해 대상을 파악한다. 여기서 감성이란 오감으로 느끼는 능력을 말한다. 그런데 인간의 오감은 신처럼 전지전능하지 않은 까닭에 사과를 '빨갛고 동그랗다'라고만 인식하는지도 모른다. 가령 사과에서 초음파가 나온다면 인간은 느낄 수 없다. 박쥐라면 알지도 모르지만 말이다.

이는 인간이 아닌 다른 동물들에게 이 세계가 어떻게 보이는지를 생각해 보면 이해하기 쉽다. 개는 파란색과 노란색 그리고 그 중간색만 볼 수 있어 빨간색은 회색으로 보인다고 한다. 그렇다면 개의 세계에서 사과는 빨간 게 아니라 회색 물체가 된다.

다음으로 인간은 감성으로 파악한 대상이 무엇인지 알기 위해 오성悟性, 자신이 이해한 사실을 바탕으로 논리적으로 사물을 판단하는 능력이나 지성을 사용한다. 그것이 무엇인지 이해하려고 생각하는 과정이다. 따라서 이때는 감각이 아닌 머리를 쓴다.

물론 감성과 오성 양쪽에 공통하는 면도 있다. 바로 시간과 공간, 그리고 범주표에 따라 사물을 판단하는 부분이다. 범주표란 인과 관계와 같은 논리 형식을 정리한 분류표로, 인간이 사물을 인식하기 위해 사용하는 12가지 판단 유형이 담겨 있다. 크게 분량, 성질, 관계, 양상 등 4가지로 구분되며, 각각은 다시 세 부분으로 나뉘어 총 12개(4×3) 항목으로 구성된다. 이와 같은 기준이 없으면 인간은 사물을 인식할 수 없다. 시간과 공간은 물론이고 크기라든지 형태 따위를 정해 두지 않으면 사물이 무엇인지 이해하기란 불가능하기 때문이다.

결론적으로 우리가 인식할 수 있는 대상은 우리가 경험할 수 있는 세계에 한정된다. 다시 말해 **경험할 수 없는 것은 인식할 수도 없다.** 바로 여기서 '물자체'라는 개념이 등장한다.

칸트에 따르면 모든 사물에는 본질에 해당하는 물자체라는 측면이 있다. 사과에는 사과의 물자체가 있다. 그런데 이 물자체는 누구도 인식할 수 없다. 그 누구도 인식하지 못하는데 분명히 존재한다는 점이 참으로 흥미롭다.

어쨌든 평상시에 우리가 어떻게 사물을 인식하는지, 그리고 무엇을 알지 못하는지, 그 메커니즘을 아는 일이란 매우 유의미하다. 왜냐하면 이에 따라 사물을 바라보는 관점이 달라지기 때문이다.

● 인간이 사물을 인식하는 구조(물자체) ●

경험 가능한 세계

경험 불가능한 세계

아, 사과다!!

사과의 '물자체'

칸트 1724~1804

독일 철학자. 기존의 유럽 철학을 종합하여 독일 관념론이라는
새로운 조류를 탄생시켰다. 깨어나서 잠들 때까지 규칙적이고 올
바른 생활을 한 것으로 유명하다. 명랑하고 사교적인 성격이었지
만 평생 독신으로 지냈다.

번뜩이는 기획안을 떠올리기

✦ 응용 포인트

칸트의 코페르니쿠스적 전환은 우리의 오감을 넘어서는, 대상의 새로운 가능성을 탐색할 때 유용하다. 칸트는 우리가 인식할 수 있는 대상은 우리가 경험할 수 있는 세계에 한정되어 있다고 말했다. 따라서 우리의 인식이 우리의 오감의 틀 안에 갇혀 있음을 깨닫고 이를 깨고 나가면 대상의 새로운 가능성을 발견할 수 있다.

✦ 활용 상황

• 새로운 기획 아이디어가 필요할 때
• 새로운 업무 방식이 필요할 때

✦ 활용 방법

만약 나에게 오감을 뛰어넘는 초능력이 생긴다면 대상에게서 어떤 가능성을 포착할 수 있을지 적어 본다.

❶ 우선 평소에 가지고 있던 지각 능력으로 대상을 파악한다.

❷ 지금 나에게는 없는 새로운 초능력 1가지를 설정한다.

❸ 그 능력이 있다면 대상을 어떻게 파악할 수 있을지 상상해 본다.

(예시 문제)

낫토의 새로운 가능성을 찾아 신상품을 기획해 보자.

❶ 우선 평소에 가지고 있던 지각 능력으로 대상을 파악한다.

→ ....

....

....

❷ 지금 나에게는 없는 새로운 초능력 1가지를 설정
한다.

→ ....

....

....

❸ 그 능력이 있다면 대상을 어떻게 파악할 수 있을지
상상해 본다.

→ ....

....

....

❶ 우선 평소에 가지고 있던 지각 능력으로 대상을 파악한다.

→ 갈색, 작은 알갱이, 끈적거림, 특유의 냄새가 남, 맛있음.

❷ 지금 나에게는 없는 새로운 초능력 1가지를 설정한다.

→ 시간을 뛰어넘어 대상을 파악하는 능력.

❸ 그 능력이 있다면 대상을 어떻게 파악할 수 있을지 상상해 본다.

→ 콩, 냄새가 나지 않음, 낫토의 영양성분이 장이나 혈액 등 몸속에서 활약함, 세계적인 수요가 생겨남.

❶ 우선 평소에 가지고 있던 지각 능력으로 낫토를 파악하자면 시각적으로는 갈색으로 된 작은 알갱이가 보이고, 만지면 끈적거리며, 특유의 냄새가 나고, 먹어 보면 맛있다 정도로 정리할 수 있다.

❷ 다음으로 지금 나에게는 없는 새로운 초능력 1가지를 설정해 보자. 여기서는 SF 소설에나 나올 법한 능력을 설정해야 참신한 발상을 이끌어 낼 수 있다. 예를 들면 나에게 시간을 뛰어넘어 대상을 파악할 수 있는 능력이 생겼다고 상상해 보자.

❸ 이제 그 능력을 사용하여 대상을 파악해 보자. 대상의 과거를 볼 수 있다면 낫토가 원래 콩이었던 시절로 돌아갈 수 있다. 당연하게도 당시에는 아무런 냄새가 나지 않았을 것이다. 낫토의 미래를 볼 수 있다면 소화되어 영양성분으로 변한 뒤 장이나 혈액에서 이로움을 주는 모습을 떠올릴 수 있다. 이러한

낫토의 효능이 전 세계에 알려지면 낫토의 수요는 크게 늘 것이다.

이와 같이 낫토의 과거와 미래를 파악하고 나면 낫토를 가공하는 방법을 바꿔서 미래를 내다보는 사업이 가능해진다. 선견지명이 있는 사람들은 낫토를 이미 냄새와 점성을 제거한 알약 형태의 건강식품으로 전 세계에 판매하고 있다. 낫토가 꼭 특유의 냄새가 나고 끈적거려야 할 필요는 없는 까닭이다.

(**연습 문제**)

하나의 주제를 골라 그것의 무한한 가능성을 생각해 보자.

❶ 우선 평소에 가지고 있던 지각 능력으로 대상을 파악한다.

→ ....

....

....

② 지금 나에게는 없는 새로운 초능력 1가지를 설정
한다.

→ ....

....

....

③ 그 능력이 있다면 대상을 어떻게 파악할 수 있을지
상상해 본다.

→ ....

....

....

위기는 기회가 된다

헤겔의 '변증법'

독일의 철학자 헤겔은 근대 철학의 정점에 오른 인물이라고 해도 좋을 만큼 위대한 철학자다. 헤겔 이후의 철학은 모두 반헤겔파라고 보는 이들이 있을 정도이니 말이다. 헤겔이 철학의 정점을 달성했으니 그 이상의 새로운 철학은 불가능하므로 이후에는 그저 헤겔을 비판하는 수밖에는 없다는 논리다. 이토록 대단한 헤겔의 철학을 상징하는 개념이 바로 변증법이다.

하지만 헤겔 본인이 변증법이라는 개념을 창조하지는 않았다. 사실 변증법이라는 말 자체는 고대 그리스의 소크라테스 시대 때부터 존재했다. 다만 당시의 변증법은 단순히 상대방의 주장에서 논리적 모순을 지적하기 위한 대화술에 지나지 않았다. 헤겔은 이 변증법을 사물을 발전적으로 생각하기 위한 논리로서 새롭게 탄생시켰다.

헤겔의 변증법이란 어떤 문제가 발생했을 때 이를 극복하여 한 단계 위로 올라가는 사고법이다. 언뜻 보면 양립할 수 없는 두 개의 대립하는 문제를 어느 쪽도 내치지 않고 아울러서 현재보다 더 나은 해결법을 찾는 과정이다.

구체적으로는 '정正→반反→합合' 혹은 독일어 '테제→안티테제→진테제'로 설명할 수 있다. 특히 안티테제를 수용하여 발전해 가는 부분을 지양止揚 혹은 아우프헤벤Aufheben이라고 표현한다.

말하자면 어떤 사물(테제)과 관련하여 이에 모순하거나 문제(안티테제)되는 부분이 존재하는 경우, 이 문제점

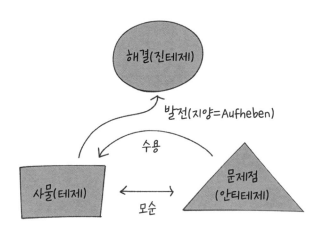

을 수용함으로써 모순을 극복하고 현재보다 발전된 해결법(진테제)을 찾는 것이다. 여기서 **가장 중요한 포인트는 문제점을 잘라내지 않고 이를 수용해서 발전시킨다는 점이다.** 바로 이 부분이 헤겔의 착안점을 특별하게 만든다.

'문제'를 '플러스'로 바라보기

우리는 보통 문제가 발생하면 어떻게든 떨쳐 버리려고 한다. 하지만 헤겔은 문제점을 '플러스'로 바라본다. 이는 부정적인 상태를 긍정적으로 생각해야 가능한 발상이다. 헤겔이 대단한 이유가 여기에 있다. 모든 사람이 부정적으로 받아들이는 상태를 오히려 발전할 수 있는 계기로 삼았기 때문이다.

따라서 변증법적 사고는 타협이나 절충이 아닌 발전을 가져온다. 실제로 헤겔은 모든 사물이 반복되는 변증법에 의해 발전한다고 보았다. 예를 들면, 개인의 의식은 이성을 거쳐 신과 같은 절대지絕對知에 이를 때까지 발전한다고 한다. 여기서 절대지란 이 세상의 모든 것을 이해할 수 있는 지성을 말한다. 즉, 인간의 의식은 변증법적 사고의 반복을 통해 절대지의 단계까지 나아간다는 뜻이다. 물론 어디까지나 이론상의 이야기이지만 말이다. 이와 마찬가지로 공동체는 가족과 시민 사회를 거쳐 국가로 발전한다. 또 헤겔의 변증법적 사고를 응용하면 세계의 역사가 아시아에서 게르만 세계의 단계로 진화한다고 보는 관점도 가능하다. 결국 변증법을 사고의 도구로써 사용하면 우리는 어떤 문제점을 맞닥뜨려도 해결 가능하며 발전적인 답을 도출할 수 있다.

헤겔 1770~1831

독일 철학자. 인식론, 자연철학, 역사철학, 미학, 종교철학, 철학사 연구까지 철학의 온갖 분야를 총망라하여 논했다. 주요 저서 《정신현상학》으로 독일 철학에서 주류적 지위를 구축했다.

발상을 새롭게 전환하기

✦ 응용 포인트

헤겔의 변증법은 마이너스 상황을 플러스로 바꿔 생각하는 논리다. 즉, 문제를 잘라 버리지 않고 오히려 수용함으로써 발전을 도모하는 사고법이다. 이는 혁신을 실현하고자 할 때 사용할 수 있다. 문제를 받아들인 다음 이를 적극적으로 활용하여 발상을 전환하는 방법이다.

✦ 활용 상황

- 발상의 전환을 꾀하여 혁신을 실현할 때
- 문제를 역설적으로 활용하여 해결할 때

✦ 활용 방법

어떤 것에든 문제는 있기 마련이다. 따라서 우선은 뭐든 좋으니 1가지 주제를 정해 보자. 상품이든 서비스든 상관없다. 1가지 주제를 끄집어내면 여기에 따라오는 문제들도 같이 떠오를 것이다. 이 세상에 완벽한 것은 없으니 말이다. 이미 고민 중이었거나 인지하고 있던 문제가 있다면 그것이 무엇에 관한 문제인지 하나의 주제로 파악해 보자. 그리고 그 주제와 문제점을 비교해 보면 비로소 발상의 전환이 가능해진다. 구체적으로는 다음 3단계를 실행해 보자.

❶ 우선 1가지 주제를 정한다.

❷ 그 주제와 관련된 문제점을 떠올려 본다.

❸ 그 문제점이 있기 때문에 오히려 좋다는 발상의 전환을 시도한다.

조직이 처한 문제점을 발견해서 혁신을 실현해 보자.

❶ 우선 1가지 주제를 정한다.

→ ....

....

❷ 그 주제와 관련된 문제점을 떠올려 본다.

→ ....

....

❸ 그 문제점이 있기 때문에 오히려 좋다는 발상의 전환을 시도한다.

→ ....

....

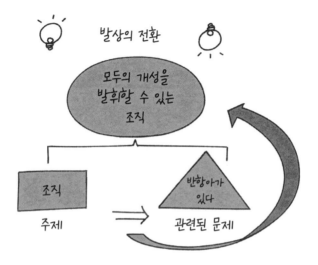

TIP 변증법적으로 생각할 때는 항상 □→△→○ 기호를 떠올리자. 발상의 전환을 시도할 때는 일부러 "~라는 문제가 있어서 오히려 좋다"라는 말을 여러 차례 스스로 내뱉어 보자.

제일 먼저 네모 안에 '조직'이라고 적어 넣는다. 그리고 조직에서 발생하고 있는 문제를 떠올려 본다. 만약 조직 안에 툭하면 대들고 합의된 의견에 반대하는 반항아가 있어서 골치가 아프다면 세모 안에 그 부분을 적어 넣는다.

일반적인 회사라면 반항아처럼 조직의 결속을 흔들고 손이 많이 가서 귀찮은 인물이 들어오면 내치거나 존재 자체를 무시하거나 둘 중 하나다. 하지만 헤겔의 변증법적 사고방식으로는 그렇게 생각하지 않는다. 오히려 문제를 받아들임으로써 어떻게 혁신적인 조직으로 탈바꿈할 수 있을지를 고민한다. 반항아를 포함하여 사원 모두의 능력을 활용할 수 있는 조직이 되어 보는 것이다.

그다음에는 어떻게 하면 그것이 가능할지를 생각해 본다. 이런 경우 제일 먼저 해야 할 일은 모두에게 우리 회사는 사원 모두의 개성을 발휘하는 조직이 되고자 한다는 전제 조건을 공유해야 한다. 그다음 개개인의 개성을 긍정적으로 평가하여 어떤 방법을 쓰면 모두가 조직에 공헌하는 환경을 만들 수 있을지 고민한다. 마지막으로는 '사원 모두의 개성을 발휘할 수 있는 조직'이라는 결론을 동그라미 안에 적어 넣는다.

(연습 문제)

변증법을 활용해 부정적인 상황을 긍정적인 상황으로 바꿔 생각해 보자.

❶ 평상시 일을 할 때 안고 있던 문제점 하나를 골라 보자.

→ ....

....

....

❷ 그 문제를 내버리지 않고 발상의 전환을 꾀하여 역으로 이용해 보자.

세계를 괄호 속에
넣어라

후설의 '현상학적 환원'

현상학적 환원이란 오스트리아 출신 철학자 에드문트 후설이 창시한 철학으로, 현상학의 중심을 이루는 방법론을 말한다. 그렇다면 현상학이란 무엇일까? 앞서 칸트의 인식론을 소개한 바 있다. 후설은 이 칸트의 사고방식을 뛰어넘기 위해서 현상학을 주장했다. 칸트는 우리가 사물의 진짜 모습을 완벽하게 알 수는 없다고 말했다. 왜냐하면 여기에는 인간으로서는 결코 인식할 수 없는 물자체, 즉 진짜 세계의 모습이 존재하기 때문이다.

말하자면 아무리 사물을 열심히 인식하려 해도 우리는 이것이 객관적으로 옳다고 단정 지을 수 없다는 뜻이다. 그렇다면 결국 인간은 영영 사물의 본체를 깨달을 수 없는 셈이다. 이에 후설은 인식에 관한 사고방식을 근본적으로 바꾸고자 현상학을 만들었다.

구체적으로 표현하자면 현상학이란 마음속을 깊이 살핀 다음, 의식에 흘러들어 온 내용을 있는 그대로 기술하는 것을 말한다. 어떤 일을 경험했을 때 자신이 진짜로 깨달은 바는 무엇인지 솔직하게 표현하는 과정이라고 할 수 있다.

인간은 보통 사물을 파악할 때 객관적인 사실과 정보에 기대려고 한다. 즉, 이미 알고 있는 지식에 큰 영향을 받는다는 말이다. 후설은 이와 같은 인간의 태도를 '자연적 태도'라고 부르며 비판했다.

예를 들어 언덕 위에 올라가 꽃을 보는 모습을 상상해보자. 아마 대부분의 사람은 자신이 직접 언덕 위에 올라가 꽃을 보는 모습을 떠올릴 것이다. 하지만 이는 어디선가 본 적 있는 영상, 즉 어디선가 얻은 정보를 바탕으로 상상한 이미지일 뿐 진짜로 자신이 꽃을 보는 모습은 아니다. 우리가 만일 꽃을 보고 있다면 전체적인 자신의 모습 따위는 보일 리 없고 오로지 눈앞의 꽃만 눈에 들어올 테니 말이다.

후설은 이처럼 인식을 둘러싼 **속임수 같은 태도**를 비판한다. 속임수라니, 말이 심하다고 생각할지 모르지만

● 후설의 현상학적 환원 ●

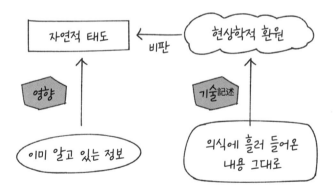

진짜 인식 혹은 진짜 경험과 구분하기 위해 여기서는 일부러 속임수라고 표현하겠다.

어떻게 고정관념에서 벗어날 수 있을까?

후설은 세계를 향한 우리의 속임수와 다를 바 없는 판단을 일단 중지하고, 이를 괄호 안에 넣음으로써 마음속 순수한 의식으로 돌아가자고 제안한다. 마치 잃어버린 기억을 찾기라도 하듯이 말이다. 이를 '판단중지에포케'라고 부른다. 쉽게 말하면 **자신이 사물을 바라보는 방식 혹은 파악하는 방식을 일단 의심부터 하는 것이다.**

일부러 판단을 중지하면 진리와 마주할 수 있다. 그리고 이러한 일련의 과정이 바로 현상학적 환원이다. 다시 말해 현상학적 환원이란 기존의 **믿음을 의심하고 자신이 진짜로 체험했던 사실로 돌아가는 행위**다.

현상학적 환원을 통해 순수한 의식의 내면으로 돌아

● 판단중지(에포케) ●

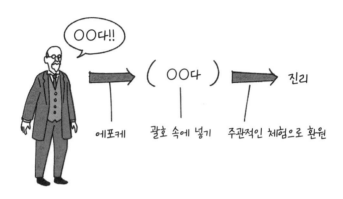

가면 모든 대상은 주관적인 의식 속에서 모습을 드러낸다. 바꿔 말하면 현상학적 환원이란 모든 대상을 주관적인 체험으로 환원하기 위한 절차인 셈이다.

하지만 이 역시 순수한 주관이라 볼 수는 없다. 순수한 주관이란 어떤 일을 체험한 그 순간의 생각이어야 하기 때문이다. 아무리 당시의 생각을 정확하게 떠올린다 해도 이미 그것은 당시의 주관이 아닌, 어디까지나 나중에 떠올려서 재구성한 주관일 뿐이다.

그래서 후설은 이를 '초월론적 주관'이라고 부른다. 초월론적이라 함은 아주 단순하게 설명하자면 순수한 주관으로 파악한 것을 넘어서서, 그 바깥에 있는 것까지 파악한다는 의미다.

객관적인 사실보다 중요한 것

그렇다면 현상학적 환원을 통해 의식에 나타난 세계를 있는 그대로 바라보면 어떤 일이 벌어질까? 후설은 현상학적 환원으로 사물의 본질을 직관할 수 있다고 말한다. 이것이 바로 '본질직관'이다. 그리고 이렇게 직관한 본질이 확실한 앎의 기반을 형성한다고 보았다.

현상학이 파악하려고 했던 것은 객관적인 진리가 아니다. 오히려 '진리라고 생각하는 확신'을 바탕으로 삼는 이론이다. 객관적인 사실보다는 주관적으로 이것이 옳다는 확신을 가질 수 있는가 없는가가 중요하다. 다시 말해 남들이 옳다고 하니까 옳다고 생각하는 게 아니라, 스스로 이것이 옳다고 확신하는 것이 중요하다는 뜻이다.

후설 1859-1938

오스트리아 출신 철학자. 수학과 천문학을 연구하다 수학 분야에서 박사 학위를 취득한 후에 전공을 철학으로 바꿨다. 현상학의 창시자로 알려져 있다.

처음부터 다시 생각하기

✦ 응용 포인트

현상학적 환원을 활용해 처음부터 다시 생각하면 사물이 전혀 다르게 보인다. 그리고 이전보다 더 진실에 가까워질 수 있다. 우리의 인식은 이미 알고 있던 여러 정보에 의해 왜곡되었기 때문이다. 이와 같은 고정관념에서 벗어나려면 자신의 주관적인 체험으로 되돌아가야 한다. 하지만 이를 완벽하게 수행하기란 결코 쉽지 않다. 타임머신이라도 있지 않은 이상 과거에 겪었던 일을 생생하게 재현하기란 불가능하기 때문이다.

그렇다면 우리는 무엇을 할 수 있을까? 이때 필요한 것이 바로 판단중지다. 우선은 내가 알고 있는 사물의 '가짜 모습'을 괄호 안에 넣고 판단을 중지하는 것만으로도 우리가 주관적인 체험으로 돌아가기 위한 길이 열린다.

✦ 활용 상황

- 공감을 이끌어 내는 광고를 만들 때
- 생생한 체험을 발표해야 할 때

✦ 활용 방법

❶ 어떤 질문에 대한 나의 기존 생각을 써 본다.

❷ 앞에서 쓴 생각을 괄호로 묶고, 판단중지를 실행한다.

❸ 객관적인 상황이나 기존에 알고 있던 정보에 얽매
이지 않고 자신의 주관, 즉 생생한 체험을 떠올리며
다시 써 본다.

(예시 문제)

자신이 처음으로 자전거를 탔던 모습을 적어 보자.

❶ 질문에 대한 나의 기존 생각을 써 본다.

→ ....

....

....

❷ 앞에서 쓴 생각을 괄호로 묶고, 판단중지를 실행한다.

→ ....

....

....

❸ 객관적인 상황이나 기존에 알고 있던 정보에 얽매이지 않고 자신의 주관, 즉 생생한 체험을 떠올리며 다시 써 본다.

→ ....

....

....

❶ 질문에 대한 나의 기존 생각을 써 본다.

→ 처음 자전거를 탈 때는 균형 잡기가 어려워서 친구가 뒤에서 잡고 밀어 주었다. 초반에는 한없이 비틀거렸지만, 어느 순간 앞으로 죽 나아갔던 기억이 있다.

❷ 앞에서 쓴 생각을 괄호로 묶고, 판단중지를 실행한다.

→ (처음 자전거를 탈 때는 균형 잡기가 어려워서 친구가 뒤에서 잡고 밀어 주었다. 초반에는 한없이 비틀거렸지만, 어느 순간 앞으로 죽 나아갔던 기억이 있다.)

❸ 객관적인 상황이나 기존에 알고 있던 정보에 얽매이지 않고 자신의 주관, 즉 생생한 체험을 떠올리며 다시 써 본다.

→ 마구 흔들리는 핸들과 이에 맞춰 비틀대는 바퀴. 힘겹게 페달을 좌우 번갈아 가며 밟았더니 어느 순간 앞으

로 죽 나아갔다.

❶ 질문에 대한 나의 기존 생각을 써 본다.

아무것도 의식하지 않고 단순하게 과거의 기억을 떠올리면 마치 내가 타임머신을 타고 과거로 가서 그 장면을 멀리서 보고 온 듯이 제3자의 시선으로 영상을 묘사한다. 자전거를 처음 탔던 모습을 써 보라고 하면 보통은 부모님이나 친구가 뒤에서 잡고 밀어 주는 영상부터 떠올린다. 마치 자신은 조금 떨어진 곳에서 그 모습을 지켜보는 느낌이다.

❷ 앞에서 쓴 생각을 괄호로 묶고, 판단중지를 실행한다.

다음과 같이 처음 떠올린 풍경은 모조리 괄호 안에 넣는다. (처음 자전거를 탈 때는 균형 잡기가 어려워서 친구가 뒤에서 잡고 밀어 주었다. 초반에는 한없이 비틀거렸지만, 어느 순간 앞으로 죽 나아갔던 기억이 있다.)

❸ 객관적인 상황이나 기존에 알고 있던 정보에 얽매이지 않고 자신의 주관, 즉 생생한 체험을 떠올리며 다시 써 본다.

지금부터는 멀리서 지켜보는 제3자가 아니라 그 장소에서 진짜로 자전거에 올라타서 애쓰는 내가 되어 본다. 이를 의식하면서 다시 한번 과거의 기억을 떠올리면 당사자의 시선에서만 볼 수 있는 생동감 있는 영상을 그릴 수 있다. 그리고 신기하게도 당시에 느꼈던 신체 감각도 되살아난다. 그 느낌을 그대로 옮겨 적어 보자.

(연습 문제)

자신이 처음으로 누군가를 좋아했던 때의 모습을 적어 보자.

❶ 질문에 대한 나의 기존 생각을 써 본다.

→ ....

....

....

❷ 앞에서 쓴 생각을 괄호로 묶고, 판단중지를 실행한다.

→ ....

....

....

❸ 객관적인 상황이나 기존에 알고 있던 정보에 얽매
이지 않고 자신의 주관, 즉 생생한 체험을 떠올리며
다시 써 본다.

→ ....

....

....

본질은 구조에 있다

푸코의 '에피스테메'

에피스테메란 20세기 프랑스 철학자 미셸 푸코가 내세운 말로 '지식의 틀'을 뜻한다. 푸코는 지식을 새로운 관점에서 바라본 인물로 널리 알려졌다. 예를 들어 지식을 상징하는 학문은 시대에 따라 변한다. 즉, 지식이란 완전무결할 수 없고 계속해서 진화한다는 말이다. 푸코가 이러한 발상을 한 배경에는 당시의 철학적 분위기가 큰 몫을 차지했다.

푸코가 활동할 당시 프랑스에서는 기존에 커다란 위치를 점했던 실존주의가 비판받고 '구조주의'라는 새로운 조류가 빛을 보기 시작했다. 실존주의가 주체성을 지닌 인간을 중심으로 사물을 파악하고자 했던 입장이라면, 구조주의는 개인의 주관과는 별개로 존재하는 세계를 객관적으로 파악하고자 했다. 문화인류학이 발전하면서 세상은 인간의 주체성과 상관없이, 다시 말해 인간의 행위와는 별개로 구성되어 있음이 드러난 것이다. 이와 같은 구조주의적 사고방식에 영향을 받은 푸코는 학문의 진화를 객관적으로 살펴보고자 했다.

지식의 틀을 파악하여 본질에 다가서다

그렇다면 학문은 대체 어떻게 진화할까? 이는 푸코가 주장한 에피스테메와 관련이 있다. 에피스테메란 원래 그리스어로 '참된 인식'을 뜻한다. 쉽게 말해 '지식'을 가리키는 말이다. 일례로 고대 그리스 철학자 플라톤은 이성으로 얻은 지식을 에피스테메라 불렀으며, 단순한 주관적 의견에 해당하는 '독사Doxa'와 비교했다.

푸코는 《말과 사물》에서 에피스테메를 독특한 지식의 모습을 표현하는 말로 사용했다. 개별적 지식이 아닌 해당 시대에 존재하는 다양한 학문에 공통하며, 각종 지식의 성립 조건을 규정하는 토대라는 것이다. 그는 지식의 토대를 확실하게 밝혀야 인식의 장을 구축할 수 있다고 여겼다.

확실히, 같은 대상을 연구하더라도 시대에 따라 연구 시점은 달라진다. 왜냐하면 지식은 세계의 틀에 영향받기 때문이다. 푸코는 이와 같은 지식의 틀에 관한 역사를 탐구하고자 했다. 이는 그야말로 고고학에 비견할 만한 방법이었다. 그리고 그의 고고학적 조사 결과 에피스테메는 네 개의 시대로 구분되었다. 16세기 르네상스 시대의 에피스테메, 17~18세기 고전주의 시대의 에피스테메, 19세기 근대 인간주의 시대의 에피스테메, 그리고 앞으

● 4가지 시대의 에피스테메 ●

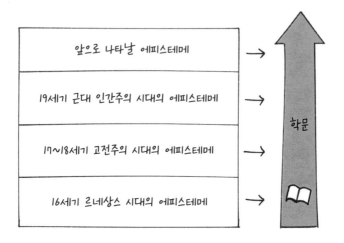

로 나타날 에피스테메, 이렇게 4가지다.

　이처럼 시대별로 달라지는 지식이나 학문을 우리는 보편적이고 연속된 것이라 믿고 있다. 하지만 **사실 지식이란 눈에 보이지 않을 뿐 시대의 제약을 크게 받는다.** 다시 말해 지식의 토대인 에피스테메가 시대에 따라 달라지면, 여기에 맞춰서 마치 지층이 바뀌듯이 새로운

시대의 에피스테메로 규정된 새로운 학문이 구축되는 것
이다.

미셸 푸코 1926-1984

프랑스 철학자. 권력의 본질을 폭로한 고발자. 인간의 내면적 의
식을 규정하는 사회의 규범 구조를 밝히는 데 힘썼다. 또한 지식
을 고고학적 방법으로 고찰함으로써 지식의 틀에 관한 신기축을
열었다.

전제 자체를 바꾸기

✦ 응용 포인트

모든 지식에는 그 토대가 되는 전제가 있다는 논리가 푸코의 에피스테메식 사고방식이다. 말하자면 시대별로 특유의 상식이 형성되어 있다는 뜻이다. 이는 역으로 토대를 바꾸면 그 위에 형성된 지식의 내용도 달라질 수 있음을 의미한다.

✦ 활용 상황

- 기존의 사물을 새롭게 바라봐야 할 때
- 새로운 아이디어를 내야 할 때

✦ 활용 방법

❶ 한 가지 주제를 고른 다음, 각각 다른 3가지 지식의
토대를 설정한다.

❷ 각각 다른 지식의 토대를 바탕으로 주제의 의미가
어떻게 달라질지 생각한다. 여기서 지식의 토대란
상식만 달라지면 되므로 시대뿐 아니라 다른 세계
여도 상관없다.

(예시 문제)

인생의 의미를 다시 생각해 보자.

주제: 인생

각각 다른 3가지 지식의 토대: 원시 시대, 우주 시대, 메
타버스 시대

각각의 토대에서 주제가 지니는 의미:

원시 시대

→ ....

우주 시대

→ ....

메타버스 시대

→ ....

(예시 답안)

주제: 인생

각각 다른 3가지 지식의 토대: 원시 시대, 우주 시대, 메
타버스 시대

각각의 토대에서 주제가 지니는 의미:

원시 시대

→ 갑자기 언제 끝날지 알 수 없는 것

우주 시대

→ 허무한 것

메타버스 시대

→ 영원히 이어지는 것

(설명)

인생이라는 주제가 3가지 다른 지식의 토대 위에서 그 의미가 어떻게 달라지는지 생각해 본다. 이때는 각각의 토대별 특징을 잘 살펴야 한다.

먼저 원시 시대에는 어땠을까? 요즘에는 사람이 쉽게 죽지 않지만 원시 시대에는 과학도 의학도 발달하지 않았기에 죽음을 쉽게 접할 수 있었다. 그러다 보니 인생의 의미도 지금과는 틀림없이 달랐을 것이다. 당시에 인간은 어떤 병에 걸리거나 다치면서 갑자기 죽는 일이 꽤 많았다. 그러면 인생이란 갑자기 언제 끝날지 알 수 없는 것으로 인식되지 않았을까?

우주 시대는 어떨까? 앞으로는 우주 시대가 본격적으로 도래할 것으로 예측하고 있다. 그러면 몇 억 광년이라는 기나긴 시간의 단위에서 사물을 인식할 일이 많아질 테니, 고작해야 백 년 단위로 전개되는 인간의 생은 참으로 허무한 일로 인식될지도 모른다.

우주 시대와 함께 메타버스 시대도 본격화될 전망이다. 메타버스 세계에서 우리는 아바타를 이용해 또 다른 인생을 살 수 있다. 또 기술이 더 발달하면 사람의 의식을 컴퓨터에 업로드해 육체가 사라진 후에도 가상 세계에서 영원히 살 수 있는 세상이 올지도 모른다. 그렇다면 인생은 영원히 이어지는 것으로 인식되지 않을까? 지금까지 인생이란 한계가 있는 것이었다면 새로운 에피스테메가 열리면서 인생의 의미가 영원히 이어지는 것으로 새롭게 파악될 수 있다.

(연습 문제)

노동의 의미를 다시 생각해 보자.

주제: 노동

각각 다른 3가지 지식의 토대: 근대, 불로불사의 시대, AI 시대

각각의 토대에서 주제가 지니는 의미:

근대

→ ....

불로불사의 시대

→ ....

AI 시대

→ ....

처음부터
다시 만든다
데리다의 '탈구축'

20세기 프랑스 철학자 자크 데리다는 포스트모더니즘의 선구자로 근대 이후의 철학을 개척한 인물이다. '탈구축'이란 데리다가 제창한 개념인데, 지금까지 이어져 온 사물의 존재 양상을 모두 해체하고 새롭게 처음부터 다시 구축하는 것을 뜻한다.

근대는 과거에 우위를 차지했던 가치가 옳다고 단정 지은 시대였다. 예를 들면 다음과 같다.

논리적이거나 이해하기 쉬운 것을 최우선시하는 태도

문자보다 목소리를 우선하는 태도

눈앞에 보이는 것이 올바른 존재라는 태도

남성적인 것을 여성적인 것보다 높이 사는 태도

유럽이 다른 지역보다 앞서 있다고 보는 태도

하지만 데리다는 이러한 태도에 커다란 문제가 있다고 보았다. 왜냐하면 이와 같은 사고방식은 논리성만을 최우선시했기 때문이다. 데리다는 논리적으로 설명 불가능한 존재나 독특한 사고방식 자체를 배제하려는 기존의 태도를 강하게 비판했다. 이처럼 근대적 가치를 비판한 그는 포스트모더니즘의 선구자로 인식되었다.

상식을 완전히 뒤엎는 시도

데리다는 근대적 가치를 구축해 온 서양의 기존 철학

을 뒤흔들어 놓음으로써 해체를 시도했다. 이것이 탈구축이라는 개념이다. '구축Construction'이라는 말에 독일 철학자 하이데거가 쓴 '해체Destruktion'라는 용어를 조합한 프랑스어 '데콩스트뤽시옹Déconstruction'을 번역한 말이다. 쉽게 말하면 구축을 해체한 뒤 다시 구축한다는 뜻이다.

여기서 중요한 것은 단순한 해체가 아니라 재구축한다

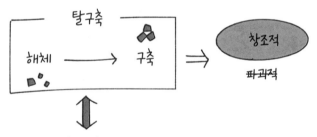

● 데리다의 탈구축 ●

탈구축

해체 ⟶ 구축   ⟹   창조적

                              파괴적

근대적 가치 = 차이의 배제
○ 문자 〈 목소리 (논리에서 벗어난 특이한 것)
○ 여성 〈 남성
      ⋮

는 데 있다. 탈구축이라는 개념은 '탈구축주의 건축'이라는 형태로 건축 분야에서도 응용되었다. 종래의 상식을 완전히 뒤엎는 모양이나 콘셉트를 지닌 건축물이 등장한 것이다. 이상하게 비뚤어지거나 언뜻 보면 다 부서진 듯한 외관을 한 건축물이 그 예다. 이처럼 탈구축은 파괴적인 행위가 아니라 오히려 창조적인 행위를 의미한다.

데리다는 자신이 직접 탈구축을 실천하기도 했다. 바로 국제철학 콜레주를 창설한 일이다. 철학 교육이 경직화되었다고 본 데리다는 시민이라면 누구든지 부담 없이 철학을 배울 수 있는 학교를 만들고 싶었다. 하지만 기존의 '대학'이 갖고 있던 개념으로는 이러한 학교를 만들기 어려웠다. 대학은 입학 조건과 등록금이 필요하고 학점 제도가 있어야 하는 등 까다로운 규정과 절차를 따라야 했기 때문이다.

이에 데리다는 철학 교육이라는 개념을 해체한 뒤 꼭 필요한 요소만 모아 재구축을 시도했다. 그 결과 등록금이나 학점제도 없이 철학을 배울 장소를 마련할 수 있었다. 이렇게 해서 시민이라면 누구든지 부담 없이 철학을 배울 수 있는 학교, 국제철학 콜레주가 탄생했다. 참고로 국제철학 콜레주는 기부금으로 운영된다. 콘셉트만 좋다면 기부하는 사람이 생겨나기 마련이다. 중요한 것은 탈구축할 수 있느냐 없느냐에 달려 있다.

자크 데리다 1930~2004

프랑스 철학자. 당시 프랑스의 식민지였던 알제리에 정착한 유대인 부모 밑에서 태어났다. 기존의 철학 연구나 교육 자체를 근본에서부터 다시 생각하고자 했다. 철학뿐 아니라 문학, 건축, 연극 등 다방면에 영향을 미쳤다.

숨어 있는 가능성을 발견하기

✦ 응용 포인트

현대 사상에서는 그동안 그늘에 가려져 있던 조연에 주목하여 이것이야말로 가치 있다고 주장하는 경우가 많다. 왜냐하면 애초에 현대 사상이란 시대의 변천 속에서 억울하게 구석으로 내몰려진 가치에 주의를 기울이는 행위이기 때문이다. 데리다의 탈구축도 이러한 철학 개념으로 파악할 수 있다.

여기서는 탈구축 개념에 착안하여 조연을 주연으로 새롭게 발탁해 아이디어를 창출하는 방법을 소개한다. 이를 통해 우리는 숨어 있는 가치를 발견하고, 발상의 전환을 이끌어 낼 수 있다. 말하자면 가려져 있던 가능성을 발굴해서 새롭게 재탄생시키는 것이다.

- 기존의 것을 활용해서 새로운 아이디어를 내야 할 때
- 트렌드를 다시 파악할 때

◆ 활용 방법

세상에는 조연에만 머물러 있는 것이 많다. 우선 이를 발견하는 데서부터 시작한다. 예를 들면 안경집과 같은 케이스라든지, 텔레비전 받침대처럼 뭔가를 위한 받침대, 혹은 자전거 보조 바퀴와 같은 보조적인 장치 등이 있다.

이것들은 모두 중요한 역할을 맡고 있으므로 이 세상에 존재한다. 하지만 분명히 조연에만 머물러 있는 이유가 있을 것이다. 이를 밝히기 위해서는 먼저 주연과 조연의 관계를 살펴봐야 한다.

조연이 조연에만 머물러 있는 이유, 다시 말해 주연이 누구고 시나리오는 어떤지를 파헤쳐 보자. 바꿔 말하면 조연을 조연으로 만들고 있는 상식을 파악하는 것이다.

이를 알면 조연을 주연으로 발탁하기가 쉬워진다. 시나리오만 다시 쓰면 되기 때문이다.

조연이 조연인 이유를 알았다면 지금부터는 시나리오를 다시 써 보자. 이제는 조연을 주인공으로 끌어 올린다. 유명 영화의 조연을 주인공으로 삼아 이야기를 다시 쓴 스핀오프처럼, 조연이 없으면 주연도 활약할 수 없는 줄거리로 바꾸자. 어떻게 보면 기존의 상식을 뒤엎는 일과 같다. 마지막으로는 조연이 주연이 될 수 있는 구체적인 아이디어를 떠올려 본다. 이 과정은 다음과 같이 4단계로 정리할 수 있다.

❶ 세상에 존재하는 조연을 찾아본다.
❷ 시나리오(상식)를 살펴서 조연과 주연의 관계를 확인한다.
❸ 시나리오(상식)를 다시 써서 조연을 주연으로 발탁한다.
❹ 조연이 눈에 띌 수 있는 구체적인 아이디어를 생각

한다.

젓가락 받침대를 예로 생각해 보자.

....

....

....

....

....

....

....

....

예시 답안

❶ 세상에 존재하는 조연을 찾아본다.

→ 젓가락 받침대.

❷ 시나리오(상식)를 살펴서 조연과 주연의 관계를 확인한다.

→ 젓가락 받침대는 더러워진 젓가락을 받치는 도구다.

❸ 시나리오(상식)를 다시 써서 조연을 주연으로 발탁한다.

→ 젓가락 받침대가 없으면 한번 쓴 젓가락을 식탁에 두거나 다시 쓰려고 할 때 불편하다.

❹ 조연이 눈에 띌 수 있는 구체적인 아이디어를 생각한다.

→ 젓가락을 씻을 수 있는 기능이 달린 젓가락 받침대를 만든다. 젓가락 세트를 디자인할 때 젓가락 받침대의 역할을 강조한다.

❶ 세상에 존재하는 조연을 찾아본다.

여기서는 '젓가락 받침대'를 골랐다.

❷ 시나리오(상식)를 살펴서 조연과 주연의 관계를 확인한다.

젓가락 받침대는 어디까지나 더러워진 젓가락을 받치는 도구로만 존재했다. 이것이 세상의 상식, 즉 시나리오다.

❸ 시나리오(상식)를 다시 써서 조연을 주연으로 발탁한다.

젓가락 받침대가 없으면 한번 쓴 젓가락을 식탁에 두거나, 식탁에 올려 둔 젓가락을 다시 쓰려고 할 때 불편하다. 때로는 더러워진 젓가락이 무용지물이 되기도 한다.

❹ 조연이 눈에 띌 수 있는 구체적인 아이디어를 생각한다.

젓가락을 씻을 수 있는 기능이 달린 젓가락 받침대를 만들면 어떨까? 또 젓가락 세트를 디자인할 때 젓가락 받침대의 역할을 강조하는 문구를 넣어도 좋을 것 같다. 예를 들면 '젓가락을 보살펴 주는 받침대'처럼 말이다.

연습 문제

❶ 세상에 존재하는 조연을 찾아본다.

→ ....

....

....

❷ 시나리오(상식)를 살펴서 조연과 주연의 관계를 확인한다.

→ ....

....

....

❸ 시나리오(상식)를 다시 써서 조연을 주연으로 발탁
한다.

→ ....

....

....

❹ 조연이 눈에 띌 수 있는 구체적인 아이디어를 생각
한다.

→ ....

....

....

창조하려면
도망쳐야 한다

들뢰즈의 '도주선'

20세기 프랑스 철학자 질 들뢰즈도 포스트모더니즘의 선구자로 불리는 인물이다. 특히 그는 고정된 상태에서 변화를 갈구하고 이를 위해 실천하기를 좋아했다. 그 배경에는 역시 근대를 향한 비판이 자리한다. 근대라는 시대의 한계를 느꼈던 그는 여기서부터 도망쳐서 자유를 추구하는 방법을 고민했다.

구체적으로 살펴보면, 들뢰즈는 변화를 추구하고 고

정된 상태 혹은 전체성으로부터 도망치기 위한 사고를 '도주선'이라고 표현했다. 도주선이란 말 그대로 도망쳐 나가는 선을 뜻한다. 왜 '선'인가 하면, '점'이면 고정되기 때문이다.

들뢰즈는 도주를 설명하기 위해 국가의 영토를 예로 들었는데, 아직 지도에 실리지 않은 영토를 향해 나아가는 운동이야말로 도주라고 표현했다. 도주는 여기에 없는 새로운 것을 갈구하는 행위다. 따라서 발견한 영토가 지도에 실리거나 새로운 것을 찾아내면 그것들은 이미 고정화가 시작되기 때문에 여기서부터 또다시 도망쳐야 한다.

그리하여 **도주는 점이 아닌 선으로 연결되며 끊임없이 움직인다.** 그런 의미에서 들뢰즈식 사고의 근간에는 '생성 변화'가 자리한다. 생성 변화 또한 들뢰즈가 만들어 낸 용어로, 모든 사물은 항상 발생한 뒤 변화해 가는 움직임을 반복한다는 의미다. **언뜻 움직이지 않는 듯이 보이는 사물도 알고 보면 어떤 변화를 일으키는 중이라는**

것이다. 생성은 도주선에 의해 시작된다. 즉, 도주선이라는 개념이 있어야 비로소 사물은 발생하고 변화한다. 이런 점에서 도주선은 사물을 탄생시키는 원리라고도 할 수 있다.

새로운 것을 만들기 위해서는 도주선과 같은 발상이 필요하다. 그리고 보니 들뢰즈는 철학을 개념의 창조라고 정의했는데, 도주선과 같은 발상이 깔려 있었던 덕분에 수많은 개념을 창조할 수 있었던 게 틀림없다. 그의 철학은 도주선을 기본 바탕으로 하여 여기서부터 차례차례 새로운 개념을 만들어 내는 행위였다.

한계를 벗어나는 동시에 창조를 이끌어 낸다

재미있는 사실은 이렇게 탄생한 개념도 역시나 모두 동적이어서 변화를 전제로 한다는 점이다. 도주선이 바탕이 된 대표적인 개념에는 '리좀Rhizome'이 있다. 뿌리 모양의 줄기를 의미하는 리좀은 들뢰즈가 철학 용어로서 만든 개념으로, 처음도 끝도 중간도 없는 사고법을 가리킨다. 이와 반대되는 말이 나무를 표현하는 '트리Tree'다. 트리는 줄기가 있고 여기서 가지가 뻗어 나오듯이 시작과 끝 그리고 중심이 명확한 사고법이다. 이른바 로직 트리(Logic Tree, 어떤 주제나 문제를 나뭇가지 형태로 세분화하여 정리하는 방법-옮긴이)로 대표되는 논리적 사고를 말한다.

트리적 사고는 바로 근대 합리주의를 상징한다. 트리적 사고를 타파하기 위해 주장한 개념이 리좀적 사고다. 이렇게 들뢰즈는 현상의 한계를 타파하는 동시에 새로운 창조를 이끌어 내는 다양한 개념을 끊임없이 만들었다. 마치 스스로가 여기에 없는 영토를 원하며 계속 도주하듯이 말이다.

● 들뢰즈의 도주선 ●

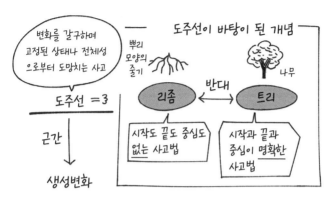

변화를 갈구하며 고정된 상태나 전체성으로부터 도망치는 사고

도주선 = 3

근간

생성변화

도주선이 바탕이 된 개념

뿌리 모양의 줄기

리좀

반대

트리

나무

시작도 끝도 중심도 없는 사고법

시작과 끝과 중심이 명확한 사고법

(모든 사물은 항상 발생한 뒤 변화해 가는 움직임을 반복한다)

질 들뢰즈 1925~1995

프랑스 철학자. 20세기 프랑스 현대 사상을 대표하는 철학자 중한 명이다. 자크 데리다 등과 함께 포스트구조주의 시대를 이끌었다. 정신분석학자 펠릭스 가타리와 함께 쓴 책으로 여러 가지참신한 개념을 탄생시켰다.

아이디어를 마구 내보내기

✦ 응용 포인트

들뢰즈는 변화를 갈구하며 일탈하는 사고를 도주선이라고 표현했다. 그는 지금까지 집착해 왔던 모든 가치관에서 벗어나고자 마치 도주하듯 끊임없이 발버둥 쳤다. 이를 통해 사방이 모두 막혀 있는 상태에서 벽이 하나도 없는 곳으로 나아갈 수 있었다. 사방팔방에 방해물이 전혀 없는 상태 즉, 자유자재로 움직일 수 있는 곳으로 말이다. 이러한 들뢰즈의 도주선을 아이디어 창출을 위한 체크리스트로 활용해 보자.

✦ 활용 상황

• 닫혀 있는 사고를 유연하게 만들고자 할 때

- 기존의 상품과 서비스를 바탕으로 신상품이나 새로운 서비스를 구상해야 할 때

✦ 활용 방법

하나의 주제를 정한 다음, 8개의 체크리스트에 맞춰 해당 주제에 관한 아이디어를 짜 본다. 되도록 주제를 비틀어서 생각지도 못한 형태로 탈바꿈시키는 것이 핵심이다. 마치 기존 주제에서 도망쳐 나와 엉뚱한 곳에 도착하듯 말이다. 이것이 도주선의 핵심 발상이다. 일단 아이디어가 떠올랐으면 여기서 한 번 더 비틀 수는 없는지 생각하는 태도가 중요하다.

다음에 나오는 8가지 체크리스트는 비즈니스 분야에서 자주 사용되는 '오스본 체크리스트Osborn's Checklist'를 수정한 것이다. 오스본 체크리스트란 아이디어를 도출하기 위한 틀로서 미국의 기업가 알렉스 F. 오스본이 고안한 방법인데, 원래의 개념을 변경, 대체, 결합하는 등의 9가지 시점을 제공하여 새로운 발상을 하도록 돕는다. 다만

시대에 조금 뒤떨어지고 막연하게 느껴지는 부분이 있어서 사용하기 불편하다는 의견이 있다. 이에 요즘 문화와 기술을 반영하여 최근 추세에 맞는 아이디어를 짜낼 수 있도록 새롭게 구성해 보았다. 여기서는 다음의 총 8개의 방향으로 일탈을 시도한다.

변장하기, 보태기, 용도 바꾸기, 형태나 크기 바꾸기, 이색적인 조합 시도하기, 의인화 또는 사물화하기, 효과 입히기, 단순화 또는 복잡화하기 우동에 관한 새로운 아이디어를 생각해 보자.

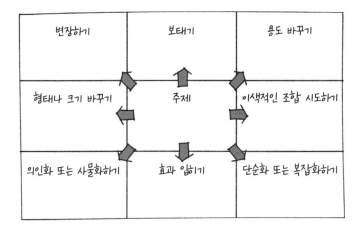

TIP 채우기 쉬운 부분부터 시작해 보자. 원래의 주제가
뭐였는지 인지하지 못할 만큼 새로운 방향으로 나
아간다는 태도가 중요하다.

변장하기 면의 색깔과 두께를 자유롭게 선택한다. (보라색 얇은 면은 메밀국수로 보일지도 모르겠음)	보태기 우동에 인삼을 넣어 본다. (닭고기까지 넣으면 삼계탕으로 오해할지도 모르겠음)	용도 바꾸기 피부에 붙이는 팩으로 만든다. (먹어도 되는 우동 팩)
형태나 크기 바꾸기 • 두부 우동 • 밥알 모양 우동	예시 주제 우동	이색적인 조합 시도하기 방석에 우동을 넣어서 푹신푹신한 우동 방석을 만든다. (야식으로 먹어도 좋음)
의인화 또는 사물화하기 우동 같은 사람 (무던해서 모두에게 사랑받는 사람)	효과 입히기 진한 국물 속에 면을 감춰서 먹어보기 전에는 무슨 우동인지 모르는 '비밀 우동'	단순화 또는 복잡화하기 • 면에 육수를 넣고 반죽해서 국물 없이 그대로 먹는 우동 • 밀알로 시작하는 우동 만들기 세트

TIP 효과 입히기를 시도할 때는 요즘 유행하는 사진 애
플리케이션을 써도 좋다. 사진 속 대상을 좀 더 예
쁘게 보정해 주거나 일러스트 효과를 입혀 주는 등
의 기능을 쓰다 보면 뜻밖의 아이디어가 떠오르기
도 한다. 이색적인 조합을 할 때는 요즘 화제가 되
는 인물이나 물건과 매치해 보자.

　변장하기 항목에서는 요즘 얇은 면이 특징인 라면을 따라 두께만 바꿔 보았는데 기존 우동과 큰 차이가 없어서 색깔까지 바꾸기로 했다. 그러자 면의 색깔과 두께의 조합을 손님이 자유롭게 고르도록 하면 어떨까 하는 아이디어가 떠올랐다. 보라색을 띤 얇은 우동 면은 메밀국수처럼 보일지도 모르겠다. 보태기 항목에서는 일반적으로 우동에 잘 넣지 않는 재료를 생각하다가 인삼이 떠올랐다. 건강식을 좋아하는 요즘 사람의 트렌드와도 잘 맞을 것 같다. 닭고기까지 넣으면 삼계탕으로 오해할 수도 있겠다. 용도 바꾸기에서는 우동이 음식이 아니라면 무엇이 될 수 있을지 고민해 보았다. 우동 면발이 하얗고 매끈거리니까 자연스럽게 피부에 붙이는 팩이 생각났다. 먹어도 되는 우동 팩도 흥미로웠다. 형태나 크기 바꾸기에서는 우동과 비슷한 하얀색 음식을 이것저것 짚어 보던 중 네모난 모양의 두부 우동, 밥알 모양의 우동 등이 생각났다. 의인화 또는 사물화하기에서는 사물인 우동을 사람에 비유해 보았다. 우동은 개성이 강하기보다는 평범한 쪽에 가깝고 대중이 좋아하는 음식이므로, 무던한 성격을 지닌 데다 모두에게 호감을 주는 사람을 우동 같은 사람이라고 비유해 보았다. 효과 입히기에서는 아무도 우동의 존재를 모르도록 효과를 입혀서 감춰 보면 어떨까 하는 발상에서, 진한 색깔의 국물 속에 면을 넣어 건져 먹기 전까지는 무슨 우동인지 알 수 없는 비밀 우동이라는 아이디어가 튀어나왔다. 튀김도 유부도 모두 안에 잠겨 있는 식이다. 단순화 또는 복잡화하기에서는 좀더 극단적으로 생각을 끌고 가 보았다. 우동을 극단적으로 단순화하면 국물 없이 면째로 먹는 게 아닐까 하는 생각에 면에 육수를 부어서 반죽한 후 국물 없이 그 상태로 먹는 방법을 떠올렸다. 반대로 복잡화하자면, 코로나 시기에 가루를 반죽해서 면으로 만들어 먹는 세트가 유행한 적이 있으니, 이번에는 밀알에서 시작하는 우동 만들기 세트를 생각해 보았다. 밀알을 심고 키워서 밀가루를 만든 다음 우동으로 만들어 먹는 것이다. 대체 언제 우동을 먹을 수 있는지 모른다는 점이 재미있었다. 이색적인 조합 시도하기에서는 우동의 탱글탱글한 성질에서 방석을 떠올렸다. 방석 속에 우동을 넣어 푹신푹신한 느낌을 만드는 것이다. 방석으로 쓰다가 야식으로 먹을 수도 있다면 더 재미있을 것 같았다.

연습 문제

책에 관한 새로운 아이디어를 생각해 보자.

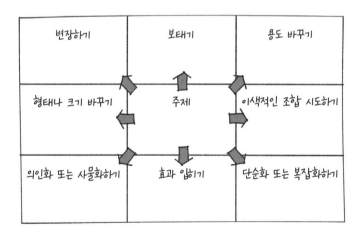

다른 세계에서
다시 파악하라
루이스의 '가능세계'

가능세계론이란, 어떤 일이 가능하다는 것은 특정 가능세계 안에서 가능한 것이라고 보는 입장이다. 쉽게 말하면 우리가 사는 지금의 현실 세계 이외에 완전히 다른 세계가 존재할 가능성을 상정하는 사고방식이다. 가능세계론에는 평행 세계와 같이 복수의 세계가 동시에 존재한다고 보는 사고방식과, 비록 세계는 하나이지만 셀 수 없을 만큼 많은 미지의 가능성이 있다고 보는 사고방식

등 다양한 종류가 있다.

사실 가능세계라는 발상 자체는 17세기 독일 철학자 라이프니츠까지 거슬러 올라가는데, 명확한 이론으로서 제창된 것은 20세기에 들어서였다. 가능세계에 몰두한 이론가 중 한 명이 미국의 철학자 데이비드 루이스다. 그는 '양상실재론'이라는 설을 주장했다. 양상실재론이란 가능세계가 우리가 사는 현실 세계와 똑같은 방식으로 존재한다고 보는 논리다. 무수히 많은 평행 세계가 존재한다는 사고방식과 닮아 있다.

조금 다른 방식으로 설명하자면 가능세계란 사물이 그렇게 존재할 수 있었던 수많은 방식 중 하나라는 표현도 가능하다. 단, 우리가 사는 현실 세계와 어쩌면 있었을지도 모르는 가능세계가 동시에 존재할 수는 없다. 예를 들면 나는 철학자이고 야구 선수는 아니다. 하지만 야구 선수가 됐을지도 모른다. 다시 말해 내가 야구 선수로서 살아가는 가능세계도 존재할 수 있다. 다만, 하나의 세계에서 내가 철학자이면서 동시에 야구 선수일 수는 없다.

물론 지금부터 내가 프로 테스트를 받고 기적적으로 야구 선수가 될 가능성이 아예 없지는 않다. 하지만 여기서 설명하는 가능세계란 그런 차원의 이야기가 아니다. 좀 더 알기 쉬운 예를 들자면 나는 지금 인간이고 개는 아니다. 적어도 지금 이 세계 안에서는 내가 인간이면서 동시에 개일 수는 없다.

상상력이 무한히 확장되는 가능세계

그렇다면 가능세계는 어떻게 상정할 수 있을까? 여기에서 루이스가 내놓은 개념이 '재조합 원리'다. 간단히 말하면 세계의 각 부분을 재조합함으로써 새로운 가능 세계를 상정하는 방법이다. 가령 눈앞에 있는 평범한 지우개도 연필로 쓴 글씨를 지우는 성질과 말을 할 수 있는 성질을 재조합할 수 있다. 어쩌면 지우개가 말을 할 수

● 루이스의 가능세계 ●

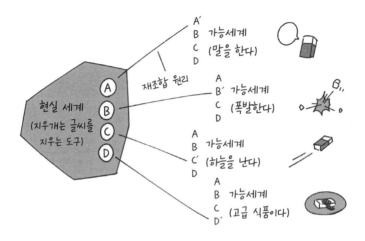

있는 가능세계가 있을지도 모른다. 그저 아직 누구도 그렇게 재조합하지 않았을 뿐이다.

이렇게 생각하면 가능세계는 얼마든지 만들어 낼 수 있으며 상상력은 무한히 확장된다. 다만 앞서 설명했듯이 말하는 지우개가 현실 세계와 가능세계 양쪽 모두에 존재할 수는 없기 때문에, 만일 현실 세계에 말하는 지우개가 탄생한다 해도 이는 가능세계에 존재하는 말하는 지우개와 매우 닮은 유사품일 뿐이다. 엄밀하게 따지면 말하는 지우개가 아니라 지우개가 말을 할 수 있도록 고안해 낸 발명품이다.

가능세계에서처럼 현실 세계에서도 과학을 뛰어넘는 신기한 현상이 일어난다는 말은 아니다. 단지 여기서 핵심은 지우개가 말을 할지도 모른다는 가능성에 주목하는 것이다. 말하는 지우개 말고도 폭발하는 지우개, 하늘을 나는 지우개, 고급 식품이 된 지우개 등 가능세계론 덕분에 우리는 현실 세계에서는 상상조차 할 수 없는 수많은 가능성을 논할 수 있다.

숨겨진 진실을 발견하는 단서

철학은 원래 이런 말도 안 되는 상상을 바탕으로 머릿속에서 사고실험을 반복하는 행위다. 이때 가능세계라는 지식의 도구가 매우 큰 역할을 맡을 뿐이다. 실제로 루이스는 가능세계론을 '철학자들의 낙원'이라고 표현하기도 했다. 그리고 이러한 사고법이 아이디어를 창출하는 데 큰 도움을 주리라는 생각은 그리 어렵지 않게 할 수 있다.

가능세계론은 새로운 것을 만들 뿐 아니라, 우리가 아직 모르는 진실을 발견하는 단서가 되기도 한다. 이를 뒷받침하는 일화가 있다. 내가 나온 한 TV 퀴즈 프로그램에서 일어난 일이다. 그곳에서 나는 '프랑스 빵으로 전차를 이길 방법을 알려 달라'라는 어려운 질문을 받았다. 이에 나는 가능세계론을 떠올리며 다음과 같이 대답했다.

"프랑스 빵도 일정 조건에서는 폭발할 가능성이 있습니다. 따라서 우연히 전차가 밟고 지나갔을 때 폭발한다면 이길 수도 있겠지요."

사회자들은 당연히 농담이라고 생각하며 철학이란 참 재미있는 학문이라는 정도의 감상만 전하고 다음 대답자에게 차례가 넘어갔다. 하지만 다음 차례였던 유명한 우주 비행사의 발언에 그들의 반응은 180도 달라졌다. 놀랍게도 그는 같은 질문에 과학적으로 프랑스 빵은 폭발할 가능성이 있다고 대답했기 때문이다. 전문가의 말인 만큼 충분히 신뢰할 만한 사실이었다. 이처럼 우리 주위에는 수많은 미지의 가능성이 숨어 있다.

앞에서 루이스가 가능세계론은 '철학자들의 낙원'이라고 표현했는데, 비단 철학자뿐 아니라 누구에게나 이 사고방식은 낙원이 될 수 있다. 낙원이란 즐거움으로 넘치는 장소인데 가능세계론을 대입하면 그 어떤 세계도 즐거운 장소로 바뀔 수 있기 때문이다.

게다가 여기에는 돈도 땅도 필요하지 않다. 머리만 있다면 세계는 전혀 다른 세상이 될 수 있다. **아니 정확하게 말하면 전혀 다른 세상으로 파악할 수 있다.** 가만 생각해 보면 이 세상의 모든 상품과 서비스는 모두 이와 같은 가능세계론의 산물이 아닌가 싶다. 사물을 바라보는 방식을 바꾼 최초의 사람이 새로운 세계를 만들었으니 말이다.

최초에 밀로 빵을 만든 사람이 빵이 있는 세계를 만들

었고, 최초에 진동을 의사소통의 도구로 바꾼 사람이 전화가 있는 세계를 만든 셈이다. 이는 특별히 복잡한 발명품에 한정된 이야기가 아니다. 이미 존재하고 있는 물건을 다르게 바라보고 사용 방식을 바꾸면 새로운 비즈니스가 탄생한다. 자, 그렇다면 여러분은 어떤 세계를 만들겠는가?

데이비드 루이스 1941-2001

미국의 철학자. 20세기 후반 분석철학 연구를 이끈 인물 중 한 명이다. 우리가 사는 세계가 다른 세계보다 현실적인 것이 아니라 세계는 복수로 존재함을 주장했다.

사물의 본질을 재조합하기

✦ 응용 포인트

가능세계는 우리가 겪어 보지 않은 미지의 세계가 있을 수 있다는 사고방식이다. 그중에서도 루이스가 주장한 재조합 원리는 사물들의 요소를 서로 재조합함으로써 새로운 가능성을 모색하는 방법이다. 우리가 잘 알고 있는 사물의 요소를 다른 사물에 갖다 붙이면 엉뚱함 속에서 생각지도 못한 가능성을 발견할 수 있다.

✦ 활용 상황

- 기존의 물건을 토대로 새로운 아이디어를 짜야 할 때
- 마케팅을 위해 세상에 새로운 시각을 제공해야 할 때

✦ 활용 방법

❶ 여러 가지 사물을 골라서 각각의 본질(가장 뚜렷한
특징)을 정리한다.

❷ 각 사물의 본질을 서로 재조합한다.

❸ 재조합해 본 결과, 어떤 가능성을 발견할 수 있을지
생각해 본다.

예시 문제

가능세계에서는 다음 3가지 사물이 어떻게 존재하고
있을까?

비, 사자, 웃음

❶ 각 사물의 본질(가장 뚜렷한 특징)을 정리한다.

→ ....

....

....

❷ 각 사물의 본질을 서로 재조합한다.

→ ....

....

....

❸ 재조합해 본 결과, 어떤 가능성을 발견할 수 있을지
생각해 본다.

→ ....

....

....

예시 답안

❶ 각 사물의 본질(가장 뚜렷한 특징)을 정리한다.

비 → 땅을 적신다.

사자 → 동물의 왕이다.

웃음 → 세상을 평온하게 만든다.

❷ 각 사물의 본질을 서로 재조합한다.

비 → 세상을 평온하게 만든다.

사자 → 땅을 적신다.

웃음 → 동물의 왕이다.

❸ 재조합해 본 결과, 어떤 가능성을 발견할 수 있을지 생각해 본다.

비가 올 때마다 세상이 평온해진다.

사자가 과하게 수분을 방출하면서 땅이 축축해진다.

웃음으로 동물들을 조련해서 따르게 만든다.

> 설명

❶ 먼저 각 사물의 본질(가장 뚜렷한 특징)을 정리해 본다. 비는 대지를 적시며, 사자는 보통 동물의 왕으로 인식된다. 웃음은 세상을 평온하게 만드는 기능을

한다. 이 단계에서 사물의 본질은 지극히 주관적인 판단에 따라도 상관없다.

❷ 다음에는 각 사물의 본질을 서로 재조합한다.

세 가지 사물의 본질이 모두 달라지도록 겹치지 않게 재조합한다. 여기서는 비가 세상을 평온하게 만들며, 사자는 땅을 적시고, 웃음은 동물의 왕이라고 재조합했다.

❸ 재조합해 본 결과, 어떤 가능성을 발견할 수 있을지 생각해 본다.

비가 세상을 평온하게 만든다면 비가 내릴 때마다 사람들이 평온해하는 모습이 떠오른다. 사자가 대지를 적신다면 사자가 과하게 수분을 방출하면서 땅이 축축해지는 장면을 떠올릴 수 있다. 웃음으로 동물의 왕이 될 수 있다면 웃음으로 동물들을 조련해서 따르게 만드는 경우를 상상할 수 있다.

재조합의 결과가 그저 어이없고 말도 안 되는 이야기

라고만 여기면 곤란하다. 재조합을 통해 우리는 사물을 새롭게 바라보는 눈을 얻을 수 있으며, 전에는 보이지 않던 가능성을 찾을 수 있다. 그리고 이러한 발상은 모두 참신한 아이디어로 이어진다. 가령 비가 세상을 평온하게 만든다는 재조합은 비를 바라보는 새로운 시각을 제공한다. 모두가 비 오는 날을 손꼽아 기다리도록 만드는 아이디어가 나올 수도 있다.

사자가 과하게 수분을 방출해서 땅이 축축해지는 상황은 대중목욕탕에 있는 사자 모양의 동상에서 뜨거운 물이 콸콸 쏟아지는 장면을 떠올리면 충분히 현실감을 찾을 수 있다. 이와 같은 모양의 장치를 마당에 설치하면 잔디에 물을 줄 때마다 멋진 장면을 연출할 수 있지 않을까.

웃음으로 동물을 조련한다는 생각은 참으로 신선한 발상이다. 실제로 웃는 동물도 있다고 하니 인간과 함께 웃는 상황이 긍정적인 효과를 불러올 가능성은 충분히 있다. 인간의 입장에서 봐도 혼내면서 조련하는 것보다 웃으면서 동물들을 가르치는 편이 훨씬 좋을 것이다.

가능 세계에서는 다음 세 가지 사물이 어떻게 존재하고 있을까?

에어컨, 곤충, 기도

❶ 각 사물의 본질(가장 뚜렷한 특징)을 정리한다.

→ ....

....

....

❷ 각 사물의 본질을 서로 재조합한다.

→ ....

....

....

❸ 재조합해 본 결과, 어떤 가능성을 발견할 수 있을지
생각해 본다.

→ ....

....

....

완성이 아니라
중간 단계라고 생각하라

말라부의 '가소성'

카트린 말라부는 지금 가장 영향력 있는 프랑스 철학자 중 한 명이다. 그녀가 내놓은 개념은 바로 '가소성可塑性'이다. 가소성이라는 말 자체는 '조형하다'라는 뜻의 그리스어에서 유래했는데, 그래서인지 일반적으로는 주로 조형예술 분야에서 써왔다. 이를 철학 용어로서 처음 사용한 이는 근대 독일 철학자 헤겔이다. 헤겔은 사물이 변화해 가는 운동을 표현하기 위해 가소성이라는 말을 가져왔다. 헤겔이 말한 철학적 의미의 가소성에 착안하여 이 세상의 모든 현상을 설명하는 개념으로 발전시킨 인물이 말라부다.

재미있게도 그녀가 가소성이라는 개념을 만든 계기 중 하나가 일본의 한 절에 방문했을 때 일어난 일이라고 한다. 말라부는 평소 폐소 공포증에 시달렸는데, 절에 있는 지하실에서 깨달음을 얻었고 그녀의 감각이 이를 받아들이자 가소성이라는 발상이 떠올랐다고 한다.

가소성이란 우선 어떤 형태를 받아들이는 능력을 말한다. 마치 점토를 꾹 누르면 모양이 바뀌듯이 말이다. 이런 의미에서 유연성이라는 요소가 포함된다. 다만 이는 단순한 유연성과는 다르다. 왜냐하면 힘을 받은 점토는 고무공과는 다르게 원래 모양으로 돌아가지 않기 때문이다. 따라서 가소성에는 형태를 부여하는 능력도 있으며 여기에는 창조성도 포함된다. 이처럼 가소성에는 다양한 요소가 들어 있다. 말라부는 이를 다음과 같이 표현했다.

"가소성이란 유연성, 창조성, 그리고 형태를 받아들이는 동시에 부여하는 능력을 말한다. 한마디로 자유로움을 뜻한다."

말라부는 가소성의 개념을 다양한 분야에서 응용하고자 했다. 특히 뇌신경의 구조를 가소성으로 표현함으로써 뇌과학 분야에도 영향을 미쳤다. 신경 가소성이란 신경의 결합으로 인한 형성 혹은 변화, 나아가 손상된 신경의 회복 능력을 의미한다. 이외에도 '여성성'이란 개념을 가소성의 문맥 안에서 파악하면서 페미니즘 논의에도 가소성을 사용했으며, 글로벌 사회에서 시장 제일주의에 저항하는 태도를 가소성이라고 부르며 정치에도 활용했다.

이렇게 다양한 곳에서 응용되고 있는 가소성이라는 개념의 공통된 특성은 **어떤 힘을 가했을 때 새로운 상황이 벌어진다**는 점이다. 그리고 이후에도 **결코 그 상태로 고정되지 않고 변화할 수 있다.** 다시 말해 말라부에게 가소성이란 사물에 새로운 가능성을 부여하는 동작이자, 계기가 되는 원리 그 자체다.

● 말라부의 가소성 ●

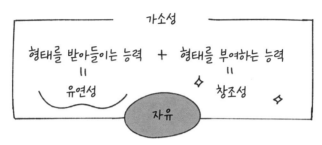

사물에 새로운 가능성을 부여하는 동작이자 계기가 되는 원리

선발형, 중계형, 마무리형

예전에 가소성 개념을 고민 상담 프로그램에서 활용한 적이 있다. 질문자의 고민은 "여러 가지 일에 손을 대지만 오래가지 못하고 금방 질려하는 성격을 고치고 싶다"였다. 질문자는 자신의 성격을 부정적으로 바라봤는데, 나는 역으로 여러 가지 일에 흥미를 보이고 어느 정도까지는 추진력 있게 밀고 나가는 힘이 뛰어나다고 느

졌다.

물론 시작한 일을 끝까지 완수하는 사람도 있다. 그건 그대로 참으로 멋진 일이다. 하지만 이 경우 인간에게 주어진 시간은 유한하기에 한 가지 일에 몰두하는 동안 다른 일은 시도해 보지 못한다는 단점도 있다.

여러 가지 일에 흥미를 보이는 사람은 마치 조각을 하듯이 아무것도 아닌 돌이나 나무를 깎아 형태를 만드는 사람이라고 생각한다. 이는 그야말로 가소성을 뜻하며 사실은 매우 중요한 능력이 아닐 수 없다. 왜냐하면 **누군가는 사물의 가능성을 발견해야 하기 때문이다. 발견한 사람이 그 일을 꼭 마무리 지을 필요는 없다.** 야구 경기의 투수처럼 이 세상에는 '선발형 사람'과 '중계형 사람' 그리고 '마무리형 사람'이 있기 마련이니 말이다. 즉, 시작하는 사람과 중간 과정에 있는 사람, 마무리하는 사람이 각각 따로 존재할 수도 있다.

앞에서는 가소성을 점토에 비유했지만, 사실 플라스틱이 가소성이라는 말의 뉘앙스를 가장 잘 나타내는 물질이다. 프랑스어로 가소성은 '플라스티시티plasticité'인데 이는 곧 영어 플라스틱plastic을 의미한다. 다시 말해 플라스틱이라는 영어에는 가소성이라는 뜻도 포함되어 있다. 플라스틱은 어떤 모양으로도 바뀔 수 있는데(받아들임), 그럼에도 일단 굳으면 형태를 유지할 수 있다(부여함). 그런데 더 중요한 사실은 페트병처럼 녹이면 다시 쓸 수 있다는 점이다. 이렇게 다른 물건으로 바뀌고 재이용되는 페트병처럼 중간 과정에 있는 사람도 필요한 법이다. 그렇지 않으면 사물은 일단 역할을 끝내고 나면 이후에는 폐기되길 기다리는 수밖에 없기 때문이다. 이렇게 보면 가소성이야말로 이 세상에 없어서는 안 될 착안점일 것이다.

카트린 말라부 1959~

프랑스 철학자. 자크 데리다에게 사사하고, 프랑스에서 교편을 잡다가 현재는 영국 킹스턴 대학에서 교수로 재직 중이다. 가소성 개념으로 현대 사상을 이끌었다.

한 단계 더 나아가기

✦ 응용 포인트

말라부의 가소성 개념은 사물의 잠재력을 발견하는 데 도움이 되는 시각으로, 기존의 상태에서 한 단계 더 업그레이드할 때 유용하다. 가소성은 완성품으로 여겨지는 상태를 마치 말랑한 점토처럼 아직 만들어지는 중이라고 보는 발상이다.

✦ 활용 상황

- 기존의 물건을 활용하여 아이디어를 낼 때
- 사물의 잠재력을 파악할 때

✦ 활용 방법

❶ 주제를 하나 선택하여 아무리 시간이 흘러도 변하지 않을 특징을 찾는다. 여러 가지를 골라도 좋다.

❷ 고정된 특징을 일부러 중간 단계라고 위치 짓고 어떻게 하면 한 단계 업그레이드할 수 있을지 생각해 본다.

예시 문제

화장실에서 쓰는 휴지를 한 단계 업그레이드해 보자.

휴지의 고정된 특징

→ ....

각 특징을 한 단계 업그레이드시키기

→ ....

예시 답안

휴지의 고정된 특징

→ 돌돌 말려 있는 상태, 종이라는 소재, 위생용품

각 특징을 한 단계 업그레이드시키기

→ 접이식 부채 모양, 건조된 기체, 옷

설명

우선 휴지의 변하지 않는 고정된 특징을 정리해 보자. 돌돌 말려 있는 상태, 종이라는 소재, 위생용품이라는 3가지 요소가 떠올랐다. 이제 각 요소를 업그레이드해 보자. 이때는 고정된 요소에 어떤 이점이 있는지 생각하며 이를 더욱 확장할 수 있는 아이디어를 궁리하면 된다. 예를 들면 휴지가 돌돌 말려 있는 이유는 그렇게 해야 많은 양의 종이를 간편하게 정리할 수 있기 때문이다. 그렇다면 간편하게 정리할 수 있는 또 다른 형태는 없을까? 접이식 부채처럼 지그재그로 휴지를 접어서 정리하는 방법이 있다.

다음에는 종이보다 환경에 좋은 소재는 없을지 고민하다가 건조된 기체를 떠올렸다. 소독용 스프레이를 생각하면 쉽게 상상이 갈 것이다. 마지막으로 위생용품인 휴지를 다른 용도로 사용할 수는 없을지 생각해 보았다. 그러다 최근에 종이를 소재로 만든 옷이 개발되었다는 이야기가 뇌리를 스치면서, 휴지를 몸에 둘러서 옷으로 사용하는 장면이 떠올랐다. 급할 때 사용할 수 있도록 옷이면서 동시에 휴지인 상품을 개발하면 어떨까.

(연습 문제)

가소성 개념으로 가위를 파악해서 한 단계 업그레이드해 보자.

❶ 가위를 잘 살펴보면서 아무리 시간이 흘러도 변하지 않을 특징을 찾는다. 여러 가지를 골라도 좋다.

....

❷ 고정된 특징을 일부러 중간 단계라고 위치 짓고 어떻게 하면 한 단계 업그레이드할 수 있을지 생각해 본다.

....

존재는 인식에 따라
달라진다
가브리엘의 '신실재론'

독일 신진기예의 철학자 마르쿠스 가브리엘은 '신실재론'이라는 새로운 철학을 세상에 던지면서 전 세계적인 주목을 받았다. 게다가 그는 최연소로 독일의 명문대학교 철학과 교수로 임명되며 젊은 천재로서 화제에 오르기도 했다. 가브리엘은 독일의 전통 철학인 관념론을 연구하며 아카데미즘 세계에서 일찍부터 여러 업적을 달성했다. 특히 셸링의 후기 사상에 몰두했다는 점에서 독일 철학계의 새로운 장을 열었다.

그가 아카데미즘의 틀을 벗어나 세상에 이름을 알린 계기는 일반인을 위해 쓴 《왜 세계는 존재하지 않는가》라는 책이 세계적인 베스트셀러에 오르면서였다. 가브리엘은 이 책에서 우리 주변의 사례들로 신실재론을 알기 쉽게 설명하는 데 성공했다. 새로운 철학이 세상에 얼마나 퍼지는가는 이처럼 누구나 알 만한 우리 주변의 사례와 엮어 설명할 수 있느냐에 달려 있다.

그 점에서 그는 대중문화에 조예가 깊고, 드라마 등을 예로 들면서 난해한 철학을 대중이 이해하기 쉽게 설명하는 데 탁월했다. 괜히 가브리엘이 '철학계의 록스타'라고 불리는 게 아니다.

왜 세계는 존재하지 않는가?

그렇다면 신실재론이란 어떤 철학일까? 간단하게 말

하면 우리의 '인식'이 곧 '존재'라고 보는 입장이다. 기존에는 사물이 실제로 존재하는가 아닌가와는 별개로, 우리에게 보이느냐 아니면 보이지는 않더라도 어딘가에 존재하느냐 둘 중 하나라고 여겼다. 하지만 가브리엘은 인식은 곧 존재와 같다고 주장했다. 다시 말해 **'보이는 것이 곧 그 상태로 존재한다'**라는 말이다.

예를 들면 교실 안에 오십 명이 있을 때, 오십 명이 모두 내가 가진 펜 하나를 보고 있다면 사실상 펜은 오십 개 존재하는 셈이다. 말도 안 되는 이야기라고 할지 모르지만 '평행 세계'라는 사고방식도 이와 크게 다르지 않다. 모두 저마다 다른 세계에 살고 있는데 어쩌다 한 번씩 특정 세계가 겹칠 뿐이다.

가상공간인 메타버스도 어떤 의미에서 보면 이러한 복수의 세계를 실현했다고 볼 수 있다. 가브리엘 자신도 신실재론을 떠올렸을 때 인터넷을 비롯한 기술이 가져다준 복수의 현실에 영감을 받았다고 했다.

그런데 현실 세계는 하나뿐인데 대체 어떻게 '인식=존

인식=존재
(보이는 것이 곧 그 상태로 존재한다)

아, 펜이다!

펜 하나(존재)   오십 명이 하나의 펜을 본다(인식)

사실상 펜은 오십 개 존재한다

재'라는 것일까? 이는 사물의 의미가 각각의 사람이 갖고 있는 '의미의 장'에서 생겨나기 때문이다. 의미의 장이란 사람이 사물을 인식하고 해석하는 능력을 말한다. 반대로 말하면 각각의 사람이 사물을 인식하지 않으면 이때는 사물의 의미가 생겨나지 않으므로 존재하지 않는 것과 다를 바 없다. 그래서 저마다의 사람이 **본다'라는 것은**

곧 '있다'라는 뜻이 된다.

나아가 우리가 "이 세상에는…"이라고 말할 때의 '세상'은 지도상에 있는 물리적 장소를 가리키는 것이 아니라, 일반적으로 모든 사물의 대전제를 가리킨다. 쉽게 말해 사물의 근본을 뜻한다. 그런데 신실재론에 따르면 모든 사물은 그 전제가 되는 의미의 장에서만 존재하기 때문에 '모든 사물의 대전제(세상)'의 전제가 되는 더 큰 의미의 장이란 현실적으로 존재할 수 없다는 결론에 이른다. 다시 말해, 모든 사물이 의미의 장에서만 생긴다면 그것이야말로 사물의 근본이므로, 의미의 장보다 더 근본이 되는 의미의 장은 논리상 존재할 수 없다는 뜻이다. 이것이 '왜 세계는 존재하지 않는가'라는 질문에 대한 그의 대답이다.

가브리엘 철학의 흥미로운 부분은 **사람에 따라 혹은 사람이 아니더라도 모든 생명체의 시점에 따라 인식하는 대상의 의미가 완전히 달라진다는 점이다. 아니, 의미뿐 아니라 존재 자체가 달라진다.** 이는 우리가 사물을 바라

봤던 기존의 방식을 완전히 바꿀 수 있음을 의미한다. 가브리엘의 철학이 주목받는 이유가 여기에 있다.

게다가 그는 신실재론을 바탕으로 인간의 마음은 자연과학으로 설명 가능한 대상이 아니고, AI는 엄밀히 따지면 지능이 아니라며 과학을 만능시하는 풍조에 경종을 울렸다. 또한 최근에는 자본주의의 윤리 역할을 강조하며 윤리 자본주의라는 개념을 내세워 비즈니스 세계로부터 이목을 끌고 있다. 실제로 구글이나 BMW와 같은 세계적인 대기업과 협업까지 진행 중이다. 그야말로 철학을 실용화하는 데 있어서 지금 가장 활동적인 철학자라고 할 수 있다.

마르쿠스 가브리엘 1980~

독일 철학자. 사상 최연소인 29세에 이백 년 이상의 전통을 자랑하는 본 대학교 교수로 취임해 화제가 되었다. 서양철학의 전통을 따르면서도 신실재론을 주장하며 현대사회의 다양한 현상을 끊임없이 파헤치고 있다.

다른 차원의 시점으로 파악하기

✦ 응용 포인트

신실재론이란 인식이 곧 존재라고 보는 철학적 입장이다. 즉, 사물이 존재하는 의미는 인식에 따라 달라진다는 말이다. 이 철학적 관점을 응용하면 시점에 따라 사물의 의의를 바꿔 생각할 수 있다. 나는 시점을 바꾸기 위한 도구로서 **'다른 차원의 주머니'**라는 프레임 워크를 사용하는데, 이는 아이디어를 내기 위한 방법으로도 유용하다.

✦ 활용 상황

- 기존의 관점을 바꿔서 아이디어를 내야 할 때
- 시점을 바꿔서 사물을 다시 파악할 때

✦ 활용 방법

❶ 한 가지 주제를 선택한다.

❷ 차원(종류)이 다른 시점을 6개 이상 고른다. 주제와
   는 가능한 관련이 없어야 한다.

❸ 각각의 시점에서 주제를 어떻게 해석할 수 있을지
   기술한다. 이때는 시점으로 택한 내용을 의인화해
   서 생각하면 쉽다. '잘 모르겠다'라는 답은 피한다.

(예시 문제)

'리더십'을 다른 시점으로 파악해 보자.

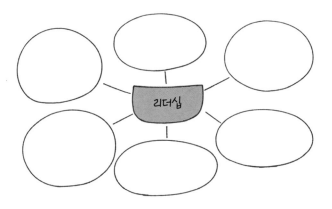

TIP 이 프레임 워크를 '다른 차원의 주머니'라고 이름 붙인 이유는 마치 도라에몽의 4차원 주머니에서 생각지도 못한 물건이 튀어나오듯이, 주제가 이 주머니를 거치면서 전혀 다른 차원의 것으로 바뀌기 때문이다. 애니메이션 세계에 와 있다고 상상하며 유연하게 생각해 작성해 보자.

예시 답안

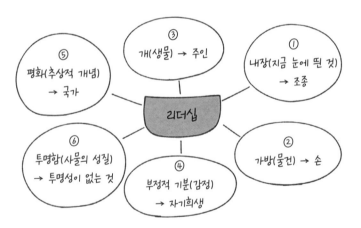

- ⑤ 평화(추상적 개념) → 국가
- ③ 개(생물) → 주인
- ① 내장(지금 눈에 띈 것) → 조종
- 리더십
- ⑥ 투명함(사물의 성질) → 투명성이 없는 것
- ④ 부정적 기분(감정) → 자기희생
- ② 가방(물건) → 손

TIP 각각의 시점은 되도록 차원(종류)이 달라질 수 있도록 지금 눈에 띈 것, 물건, 생물 등의 기준을 토대로 다양하게 작성했다. 시점은 얼마든지 바꿔도 좋다. 여기서는 6개를 기준으로 했는데 실제로 활용할 때는 비슷해서 겹치지만 않는다면 개수가 많아도 상관없다.

설명

먼저 리더십과 전혀 관련이 없는 단어를 여러 분야에서 무작위로 고른다. 나는 지금 눈에 띈 것, 물건, 생물, 감정, 추상적 개념, 사물의 성질 등을 기준으로 내장, 가방, 개, 부정적 기분, 평화, 투명함을 골랐다.

다음에는 각각의 시점을 바탕으로 자신이 직접 그 시점이 되어서 대상을 파악해 본다. 잘 이해가 가지 않는다면 '의인화'를 떠올리면 쉽다. 가령 내장의 시점으로 리더십을 파악한다면 내장을 의인화하여 사람처럼 생각한 후 내가 직접 그 입장이 되어 보는 것이다. 내장은 스스로 생각할 수 있는 능력이 없으므로 내장의 입장에서 리더십이란 자신을 조종해 주는 존재가 아닐까. 따라서 여기서는 리더십에 '조종'이라는 측면이 있다고 볼 수 있다. 이는 우리가 내장의 시점으로 리더십을 파악해 보지 않았다면 알 수 없었던 부분이다.

이와 같은 방식으로 생각해 보면 가방에게 리더십이란 자신을 잡아끄는 손일 것이고, 개라면 당연히 주인을 떠올릴 것이다. 부정적 감정은 무형의 것이다 보니 의인화하기 어렵다고 생각할 수 있는데, 이럴 때는 디즈니 애니메이션인 《인사이드 아웃》을 떠올리면 쉽다. 여기서는 감정을 의인화하여 '기쁨이'나 '소심이'와 같은 캐릭터가 등장한다. 이 점에 착안해서 부정적 기분의 입장에서 본 리더십은 자신의 감정을 최대한 드러내지 않고 일한다는 측면에서 자기희생을 떠올리지 않을까.

평화는 평화를 가져다준 국가를 리더십이라고 생각할 것 같다. 투명함은 자신의 입장에서 리더십은 명확해야 하는 것이므로 투명성이 없는 것으로 판단할 수 있다.

'커리어'를 다른 시점으로 파악해 보자.

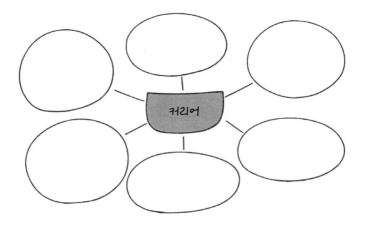

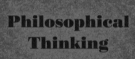

Philosophical
Thinking

2장

탁월한 생각을
만들어 내는 사고 습관

탁월한 생각을 만들어 내기 위해서는 평소의 습관이 중요하다. 똑같은 일상을 보내는 듯이 보여도 발상력이 좋은 사람은 아이디어 창출에 도움이 되는 생활 및 행동 습관을 지니고 있다. 즉, 멋진 아이디어를 떠올리려면 이에 도움이 되는 사고 습관이 몸에 배어 있어야 한다. 따라서 2장에서는 아이디어 창출에 도움이 되는 사고 습관을 소개한다.

놀라움을 느껴라

플라톤의 '타우마제인'

아이디어만이 아니라 근본적으로 인간이 머리를 쓰게 된 계기는 다름 아닌 '놀라움'에 있다. 인간이 어떤 현상을 대했을 때 "아니, 왜?" 혹은 "신기하다!"와 같은 놀라운 느낌을 받아야 흥미가 생기고 뭔가를 생각하기 때문이다. 즉, 놀라움이란 그 결과가 좋든 나쁘든 우리 인간에게 강한 자극을 주고 자연스럽게 머리를 굴리게 만든다.

이는 철학자들도 아주 오래전부터 언급해 온 사실이

다. 고대 그리스어로 '놀라움'을 **타우마제인**thaumazein'이라고 하는데, 이는 실로 철학이 시작된 이유라고 일컬어진다. 여기서 타우마제인이란 단순히 뭔가를 보고 느끼는 놀라움이 아니라, 한 단계 더 고차원적인 지적 호기심을 가리키는 말로 이해해야 한다. 예를 들면 누군가 뒤에서 갑자기 "야!" 하고 큰 소리로 불렀을 때 드는 감정과는 다르다. '생명의 신비에 놀라다' 혹은 '한 인간의 감동적인 행위에 놀라다'처럼 지적인 탐구로 이어지는 놀라움에 가깝다.

고대 그리스 철학자 플라톤은 '놀라움' 덕분에 지혜를 사랑하는 행위인 철학이 시작되었다고 말했다. 이는 곧 일상에서 놀라기를 습관화하면 어디서든 아이디어가 샘솟는 철학적 사고를 할 수 있다는 뜻이기도 하다.

놀라움은 '의심'에서 시작된다

그렇다면 구체적으로 어떻게 해야 다른 사람보다 더 많이 놀라움을 느낄 수 있을까? 이 점은 플라톤이 직접 언급하지는 않았지만 그의 철학을 곱씹어 보면 힌트를 얻을 수 있다.

플라톤은 스승인 소크라테스의 가르침을 전달한 인물이다. 실제로 타우마제인의 의의에 대해서도 책에서 소크라테스의 입을 빌려 설명하고 있다. 타우마제인과 관련하여 소크라테스가 중시한 태도는 **'사물을 의심하기'**였다. **평소에 당연하다고 여기는 사실을 의심해야 비로소 진실, 즉 사물의 본질을 탐구할 수 있다는 말이다.** 바꿔 말하면 뭐든 당연하다고 생각하는 삶에는 놀라움을 느낄 틈이 없다는 뜻이기도 하다.

"그야 그렇지."

"다 그런 거지 뭐."

이처럼 뭐든 당연한 일로 치부하면 냉소적인 시선으

로 사물을 대하게 된다. 하지만 '어쩌면 그게 아닐지도 몰라' 하고 의심의 눈초리로 바라보면 우리는 놀라움과 마주할 수 있다. 사물을 대할 때마다 놀라움을 느끼라고 하면 좀 막연하고 어렵지만 의심해 보라고 하면 그럭저럭 할 만하게 느껴지지 않는가. 의심하다 보면 놀라움을 얻을 수 있다.

단, 여기서 말하는 의심하기란 의심을 위한 의심이나 삐딱하게 보는 태도와는 다르다. 오히려 **'솔직해지기'**와 가깝다. 이 세상 삼라만상을 마치 어린아이의 눈으로 보듯 있는 그대로 받아들이는 것이다. 이와 같은 순수한 마음이야말로 의심하기를 의미하며, 놀라움의 원천이다.

노벨상을 수상한 위대한 연구자들은 모두 하나같이 어린아이의 눈을 하고 있다. 그들은 언뜻 아무것도 아닌 듯 보이는 일에 순수하게 놀라고, 그 수수께끼를 꼭 붙들고는 탐구를 이어간다. 이러한 그들의 태도가 입이 떡 벌어질 만큼 놀라운 착안점, 발상, 아이디어로 이어졌음은 말할 필요도 없다.

따라서 아이디어를 잘 내려면 평소의 태도와 습관이 중요하며, 그중 하나가 바로 '놀라기'이다. 습관처럼 모든 일에 놀라움을 느끼라고 하면 좀 이상하게 들릴지도 모르지만 놀라움은 사고를 촉진하는 계기를 만든다는 점에서 매우 중요한 감정이다. 동심으로 돌아가 솔직하고 순수하게 살아가는 태도를 항상 염두에 두자.

여담이지만 어렸을 때 오히려 아이디어가 더 잘 떠올랐다고 말하는 분들이 많다. 가만 생각해 보면 그럴듯하다. 스스로는 몰랐더라도 자신의 아이가 어릴 때 천재일지도 모른다고 착각하는 부모는 꽤 많기 때문이다.

이는 놀라움과 관계가 깊다. 당연하게도 아이들은 아는 것이 별로 없어서 일상에서 놀라움을 느낄 기회가 많다. 그래서 아이들이 놀라운 발상을 하고 무한히 아이디어가 떠오르는 것이다.

아이들은 처음 보는 동식물에 놀라워하며 "와! 대단하다!" 하고 감동한다. 그리고 그날 밤 신비한 생물의 모습을 그리거나, 독특한 물건을 만들어 내서 부모들을 깜짝 놀라게 만든다. 이것들은 모두 아이디어와 다름없다. 아이들이 느낀 놀라움이 아이디어를 샘솟게 했음에 틀림없다. 그러므로 아이들처럼 모든 일에 놀라움을 느껴 보자. 몰랐던 일인 듯, 모든 게 다 신기하다는 듯. 항상 이러한 감정을 장착하고 살 수 있다면 아이디어가 마구 떠오를 것이다.

나는 비교적 아이디어를 잘 내는 편이라고 생각하는데 아마도 이는 마음이 아직 어릴 적 그대로인 탓인지도 모르겠다. 실제로 주변 사람들에게 "어린아이 같다"라는 말을 자주 듣기도 한다. 이는 좋은 의미이기도, 나쁜 의미이기도 하지만 좋은 의미에만 집중하면 조금 놀림을 받거나 지적을 당하는 일쯤이야 아무래도 상관없다고 생각한다.

잘 아는 것을 직접 찾아보는 습관

동심을 유지하기 위해 추천하고 싶은 훈련법은 자신이 비교적 잘 안다고 생각하는 사항에 관해서 위키피디아에 검색해 보기다. 막상 찾아보면 의외로 몰랐던 내용이 많아서 깜짝 놀란다. 위키피디아는 전 세계 사람들이 어떤 주제에 관해 다양한 시점에서 정보를 모아 구축한 백과사전과 다를 바 없다.

어떤 주제라도 상관없다. 장수풍뎅이든 커피든 뭐든 좋다. 검색하고 읽다 보면 그동안 얼마나 내가 무지했는지 깨닫는다. 그렇다고 지나치게 전문적인 내용도 아니어서 부담 없이 읽을 수 있다. 물론 이 탓에 기본적으로 위키피디아 속 내용은 논문의 참고문헌으로 인용할 수는 없다. 학문적 세계에서는 위키피디아 속 글들을 어디까지 신뢰할 수 있을지 논란의 여지가 있기 때문이다. 하지만 일반인의 눈으로 보면 위키피디아는 그야말로 미지의 정보가 가득한 세상이다. 게다가 이 모든 정보를 손쉽게 얻을 수 있다.

가끔씩 위키피디아에 들어가 이것저것 검색만 해도 겸허한 자세를 유지할 수 있다. 그리고 이와 같은 마음은 사물을 의심하는 행동으로, 나아가 놀라움으로 이어진다. 반복해서 말하지만 놀라움을 느낄 수 있는 사람만이 멋진 아이디어를 낼 수 있다.

✴
세상을 관찰하라
베이컨의 '경험론'

아이디어는 무에서 갑자기 유가 되듯 난데없이 튀어 나오는 것이 아니라 떠오르는 과정에서 나도 모르는 어떤 계기가 작용한다. 앞에서도 언급했지만 아이디어는 두 개 이상의 개념이 조합되어야 탄생하기 때문이다.

철학적 사고로 아이디어를 떠올리는 방법도 결국은 머릿속에서 의외의 조합을 어떻게 만들 수 있는가에 관한 이야기였다. 결국 아이디어를 잘 내려면 얼마나 다양한 것을 발견할 수 있느냐가 중요해진다. 의외의 조합을 잘 만들어 내려면 일단 뭔가를 발견해야 하니 말이다. 다시 말해 승패는 '세상을 얼마나 잘 관찰할 수 있느냐'에 달려있다.

이 세상에는 관찰력이 좋은 사람과 그렇지 않은 사람이 있다. 아이디어를 위해서는 무조건 전자, 즉 관찰력이 좋은 사람이 되어야 한다.

잘 관찰하려면 '이돌라'에서 벗어나야 한다

그렇다면 어떻게 해야 관찰력을 높일 수 있을까? 여기서 참고할 만한 철학자가 바로 관찰의 시조, 프랜시스 베이컨1561-1626이다. 베이컨은 르네상스 후기의 사상가인데, 때마침 당시에는 기존의 학문을 쇄신하고자 하는 분위기가 짙게 형성되어 있었다. 그는 고대 이후 주류적 위치를 차지해 왔던 아리스토텔레스의 낡은 학문에서 벗어나 앞으로의 과학과 손잡게 될 사물을 보는 새로운 관점과 사고방식을 모색했다. 이것이 그의 저서 《신기관》에서 설명한 관찰과 실험을 중시한 '경험론'적 사고방식이다. 실제로 그는 훗날 영국에서 꽃피우는 경험론의 창시자로 불린다. 경험론에서는 인간의 지성은 경험으로 획득된다고 보며, 베이컨이 말하는 경험이란 관찰을 바탕으로 한 실험을 가리킨다.

원래 베이컨의 철학은 '아는 것이 힘이다'라는 슬로건이 상징하듯, 지성으로 자연의 수수께끼를 풀어 나가는 데 주안점을 둔다. 이를 위해 그가 중시한 부분이 **'이돌라(우상)'**라고 불리는 편견을 배제하는 태도다.

알다시피 편견이 가로막으면 진실을 알기란 어렵다. 베이컨이 말하는 관찰이란 그저 가만히 눈으로 응시하는 데서 그치지 않는다. 그보다는 편견을 배제하고 머리를 굴려 가며 눈앞의 현실을 제대로 파악하는 과정을 말한다. 따라서 이돌라, 즉 편견을 배제하는 습관을 들이는 일은 곧 사물을 정확하게 관찰하는 습관을 들이는 일과 같다고 볼 수 있다.

그럼 먼저 이돌라에 대해서 간단히 알아보자. 시대에 따라 이돌라에 대한 해석이 조금씩 달라지긴 했지만 최종적으로는 《신기관》에서 제시된 다음 4종류의 이돌라로 정리할 수 있다.

① 종족의 이돌라
② 동굴의 이돌라
③ 시장의 이돌라
④ 극장의 이돌라

먼저 '종족의 이돌라'란 인간이라는 종족이 지니는 고유의 이돌라로, 감정과 감각에 의해 지성이 혼란에 빠지면서 생기는 편견이다. 인간은 자신이 주장하는 의견을 끝까지 고집하는 생물이며, 자신의 입장에서만 사물을 판단하려고 한다. '동굴의 이돌라'란 마치 좁은 동굴 안에 갇혀 있는 듯한 모양새로 개인이 지금까지 살아온 삶의 틀에 의해 발생하는 편견을 가리킨다. 그 사람이 받은 교육, 영향을 준 인물, 읽은 책 등이 편견을 만드는 원인이며, 이러한 환경에 영향을 받아 좁은 사고 안에 갇히면서 생긴다.

'시장의 이돌라'는 언어에 의해 발생하는 편견이다. 마치 시장에서 들은 이야기를 진실이라고 믿듯이 말이다. 인간은 언어가 지닌 힘에 약하다. 요즘에는 시장보다는 인터넷상에 범람하는 수많은 글과 SNS 속 사진과 영상 등이 언어로서 사람들에게 큰 영향을 미치고 있다. '극장의 이돌라'는 마치 극장에서 본 영상에 마음이 크게 동요하듯이, 잘 만들어진 스토리에 사람들이 쉽게 넘어가는 경향을 말한다. 학설처럼 권위 있는 지식도 이 스토리에 포함된다.

인간의 머릿속에는 이와 같은 다양한 이돌라가 있고, 그것이 사물을 정확하게 파악하지 못하도록 방해한다는 사실을 깨달아야 한다. 이러한 사실을 자각하고 나서야 우리는 진정한 의미의 관찰을 할 수 있다.

● 베이컨의 4가지 이돌라 ●

종족의 이돌라

동굴의 이돌라

시장의 이돌라

극장의 이돌라

새로운 사물을 보기 위해서는 새로운 마음가짐을 지녀야 한다. 자신이 이돌라에 휘둘리고 있지는 않은지 매일 자문해 보는 습관을 갖자.

나의 생각은 어디서 비롯되었을까?

이돌라에 속지 않기 위한 훈련법으로는 자신의 생각이나 발상이 앞서 설명한 4가지 이돌라 중 하나에서 비롯됐다고 가정한 뒤 테스트를 해 보는 방법이 있다. 정기적으로 이러한 테스트를 하다 보면 의외로 자신이 편견에 크게 영향받고 있음을 깨달을 수 있다.

물론 세상 그 어떤 것으로부터도 영향을 받지 않기란 불가능하다. 또한 그것이 반드시 나쁘다고만 볼 수도 없다. 다만, **내가 무엇에 영향을 받아 그 생각과 발상에 이르렀는지 자각하는 것이 중요**하다. 그래야 비로소 세상이 선명하게 보이기 때문이다.

나의 경우를 예로 들자면, 나는 평소에 규칙을 그다지 좋아하지 않는다. 내가 왜 이런 생각을 갖게 됐는지 4가지 이돌라를 사용해서 테스트해 보겠다. 먼저 종족의 이돌라로 생각해 보면 인간은 원래 자유롭게 살고 싶어 하는 존재이므로 구속을 싫어하는 경향이 있다고 볼 수 있다. 동굴의 이돌라로 생각해 보면 고등학교 시절 학교 규칙이 유난히 엄격해서 머리 스타일까지 정해져 있던 것이 참으로 싫었다. 당시의 인상이 너무도 강력해서 규칙에 대한 부정적인 인식을 품게 되었는지도 모르겠다.

시장의 이돌라로 생각해 보면 아무래도 인터넷의 영향을 크게 받은 것 같다. 20대 후반 인터넷이 막 시작되던 시기에 나는 하루 종일 방에 틀어박혀 컴퓨터 앞에서 어두운 시절을 보냈는데, 당시 사회의 규제나 규범에 대해 인터넷상에 넘쳐 났던 불만의 목소리에 크게 공감하곤 했다. 마지막으로 극장의 이돌라로 생각해 보면 역시 어렸을 때 봤던 애니메이션의 영향이 있어 보인다. 애니메이션 속 주인공들은 늘 자유를 찾아 지금껏 한 번도 본적 없는 모험 가득한 삶을 살아가기 때문이다.

　이렇게 테스트를 해 보니 규칙을 유난히 싫어하는 나의 성향도 모두 편견에서 비롯됐음을 알 수 있다. 여러분도 꼭 한번 자신의 편견을 테스트해 보는 시간을 갖길 바란다.

*

아이처럼 놀아라

카이와의 '놀이 이론'

누군가 내게 아이디어를 좀 내 보라고 하면 나는 가슴이 두근거린다. 왜냐하면 아이디어를 내는 일은 나에게 놀이와 같기 때문이다. 재미있는 아이디어를 떠올리는 일에는 게임을 할 때와 비슷한 종류의 감각이 동원된다. 따라서 잘 노는 습관을 들이면 멋진 아이디어를 떠올리는 데 큰 도움이 된다. 실제로 잘 노는 사람이 아이디어를 내는 센스가 좋을 때가 많다.

하지만 노는 것도 많이 놀아 본 사람이 아니면 쉽지가 않다. 그렇다면 '놀이란 무엇인가'에 대해 논한 프랑스 사상가 로제 카이와1913-1978의 생각을 참고해 보자.

일상에 놀이를 끌어들이기

카이와는 《놀이와 인간》이라는 저서에서 놀이의 개념을 그야말로 철저하게 파헤친 인물이다. '놀이' 하면 네덜란드의 역사가 하위징아가 제창한 **'호모 루덴스(놀이하는 인간)'**라는 말이 유명한데, 이를 이론으로서 발전시킨 이가 카이와다.

카이와에 따르면 놀이의 본질은 '근원적인 무상성無償性'에 있다. 즉, 놀이란 아무런 목적도 대가도 없는 행위라는 뜻이다. 이에 따라 놀이는 자유롭고 비생산적이라는 특징을 띤다. 강제된 놀이나 반드시 뭔가를 생산해야 하는 놀이라면 이는 진정한 의미에서 놀이가 아니다.

또한 카이와는 놀이의 본질에는 '파이디아Paidia'와 '루두스Ludus'가 있다고 주장한다. 파이디아란 즉흥과 환희 사이에 있는, 규칙에서부터 자유로워지고 싶은 원초적인 힘을 말한다. 반면 루두스는 자의적이긴 하나, 강제성을 띤 불편한 규율을 만들고 이를 따르게 하는 힘을 말한다. 말하자면 놀이란 자유분방해 보이면서도 보이지 않는 규칙에 속박당하는 일견 모순적인 행동이라고 볼 수 있다.

파이디아와 루두스로부터 시작된 놀이는 다음과 같이 4가지 범주로 나뉜다.

① 아곤
② 알레아
③ 미미크리
④ 일링크스

'아곤'이란 경쟁의 양상을 띠는 놀이를 말한다. 격투, 축구, 야구 등 기술을 겨루는 스포츠는 대부분 여기에 속

● 카이와의 4가지 놀이 ●

아곤
(스포츠 경기 등)

알레아
(도박, 가위바위보 등)

미미크리
(연극, 소꿉놀이 등)

일링크스
(서커스 관람, 그네 타기 등)

한다. '알레아'는 참가자의 노력이 큰 영향을 미치지 않고 그저 운에 맡기는 형태의 놀이를 가리킨다. 복권, 도박, 가위바위보 등이 있다. '미미크리'는 참가자가 자신의 원래 인격을 잠시 잊고 위장해서 가상 인물이 되어 보는 놀이다. 소꿉놀이, 연극, 조립 놀이 등이 그 예다. '일링크스'는 현기증이 날 만큼 어지럽거나 일시적인 공포를 추구하는 놀이다. 서커스를 보거나 VR 체험하기, 제자리 돌기, 그네나 롤러코스터 타기와 같은 행위가 이에 해당한다.

이와 같은 놀이의 종류를 의식해서 좁은 의미의 놀이에서 벗어나 다양한 놀이를 일상에서 실천해 보자. 뭐든 경쟁에 붙여 보거나 운에 맡기는 것도 좋고, 상황극을 시도하거나 제자리에서 빙글빙글 돌며 어질어질한 기분을 느껴 보는 것도 좋다.

무슨 아이들 장난 같은 이야기냐고 할지도 모르겠다. 하지만 가만히 생각해 보면 어릴 적 우리는 이와 같은 행동을 매일 같이 반복했다. 그런 행동들이 끊임없이 반짝이는 아이디어로 이어졌던 게 아닐까?

어른이 되면 머리가 굳어서 아이디어가 잘 안 떠오른다고들 말한다. **이는 우리가 더 이상 놀지 않기 때문이다. 바꿔 말하면 일상 속에 더 이상 놀이적 요소를 끌어들이지 않기 때문이다.**

놀이에 진심이 되는 법

노는 건 그리 어려운 일이 아니다. 우리 모두 과거에는 매일 같이 놀았다. 어린아이처럼 모든 순간을 놀이하듯 살면 그것만으로도 아이디어가 마구 샘솟을 것이다. 속는 셈 치고 꼭 한번 동심으로 돌아가 보자. 실제로 어떤 장난감 회사에서는 업무 중 놀이를 하면서 새로운 장난감에 관한 아이디어를 모은다고 한다.

'놀라기' 부분에서도 언급했지만, 틀림없이 아이디어와 동심 사이에는 깊은 상관관계가 있다. 그러니 아이들과 같이 놀거나 어린 시절 했던 행동들을 다시 해 보자.

그러면 분명히 아이들처럼 노는 게 가능해질 것이다. 어른들의 놀이란 어쩐지 놀이에 푹 빠진 느낌이 들지 않는다. 분명히 놀고 있는데도 노는 것 같지가 않다. 이래서는 아무런 의미가 없다. 두뇌가 말랑말랑해지려면 놀이에 진심이 되어야 한다.

놀이 감각을 되찾으려면 아이와 함께 놀거나, 옛날에 했던 놀이를 다시 해 보는 것이 제일 좋다. 어릴 때는 지금이 몇 시인지는 신경도 쓰지 않고 놀이에 몰입하지 않았던가. 도가 지나쳐서 다치기도 하고, 다른 사람에게 피해를 주어 크게 혼난 적도 있다. 진심으로 논다는 건 이처럼 행실이 바른 것과는 거리가 멀고 혼나기 바쁜 일이기도 하다.

진짜 놀이에 빠져들면 지금까지와는 다른 세계와 만날 수 있다. 물론 법을 위반하는 행동을 하자는 말은 아니니 오해는 말길 바란다. 그저 가끔은 예의를 차리거나 눈치 보지 말고 자유롭게 놀아 보자는 말이다.

다양하게 해석하라

니체의 '퍼스펙티브'

아이디어란 어떤 의미에서는 '망상'에서 시작된다고 해도 과언이 아니다. 망상, 즉 있지도 않은 일을 상상하다 보면 지금껏 세상에 존재하지 않았던 흥미로운 아이디어가 모습을 드러낸다. 그래서 사실은 망상벽癖이 있는 사람이 아이디어를 잘 떠올린다. 하지만 안타깝게도 세상은 망상벽을 부정적으로 본다. 쓸데없는 생각만 하다가 정작 눈앞의 일에는 집중하지 못한다고 여기기 때문이다.

하지만 망상벽이 긍정적인지 부정적인지는 사고의 목적이 무엇이냐에 따라 달라진다. 가령 계산 문제와 같이 정해진 답을 논리적 사고에 따라 도출해야 한다면 망상벽은 틀림없이 방해물일 뿐이다. 반면, 재미있는 이야기를 창작해야 한다면 이런저런 상식을 뛰어넘는 발상과 어느 누구도 생각지 못한 상상이 필요하다. 이를 가능케 하는 것이 바로 망상벽이다. 이 경우에는 망상벽이라기보다는 '망상하는 힘'이라고 표현하는 게 맞겠다.

망상이란 머릿속에 떠오른 것을 전혀 다른 것과 연관시켜서 대상의 이미지를 끊임없이 키워 나가는 행위다. 이를 위해서는 대상을 다양한 시점에서 파악하는 능력이 필요하다.

완전히 다른 세계를 창조해 낸 니체

독일 철학자 니체1844~1900는 이러한 능력을 '퍼스펙티 브perspective'라고 불렀다. 퍼스펙티브란 '해석'이라고 이해하면 쉽다. 한마디로 대상을 바라보는 시점과 해석은 다양하다는 뜻이다. 퍼스펙티브가 많으면 많을수록 우리는 사물을 더 깊이 이해할 수 있다. 따라서 사물의 본질을 알고 싶어 하는 철학에서는 꼭 필요한 능력이다.

실제로 니체는 퍼스펙티브를 구사해서 당시 세계를 다양한 형태로 파악하는 데 성공했다. 그 덕분에 역사에 이름을 남긴 철학자가 된 것이다. 심지어 그는 기독교에 지배당했던 당시 유럽 세계를 지금까지와는 전혀 다른 '신이 없는 초인의 세계'로 파악하고자 했다.

니체는 기독교에 지배당한 이들이 지나치게 신에게 의지한다고 보았다. 그래서 올바름에 대한 판단조차 스스로 하지 못한다고 주장했다. 이른바 '노예 도덕'(노예가 자신은 선하고 주인은 악하다고 생각하면서도 주체적으로 뭔가를 결정하지는 못하고 순종하는 상태를 이르는 개념-옮긴이)에 관한 이야기다. 그래서 니체는 사람들의 마음을 바꿔 놓기 위해 신은 죽었음을 선언했다.

그리고 대신 저마다의 인간이 스스로 초인이 되어 강인하게 살아가야 한다고 주장했다. 이는 완전히 다른 세상을 창조한 것과 다름없었다. 실제로 니체는 이에 관한 내용을 《차라투스트라는 이렇게 말했다》라는 책에 썼는데, 여기서 차라투스트라는 니체가 창조한 또 하나의 신과 같다.

어쩌면 니체는 망상벽에 시달렸는지도 모른다. 실제로 주변에서는 그를 미쳤다고 생각하기도 했다. 생애 동안 그토록 위대한 철학서를 끊임없이 썼음에도 불구하고 말이다.

망상하기 연습

딱히 감추고 싶은 마음은 없어서 고백하는데, 나에게도 꽤 심각한 망상벽이 있다. 다른 사람의 말을 듣다가도 금세 이야기와 무관한 상상을 시작한다. 정신을 차리고 보면 언제나 마지막에는 말도 안 되는 상상 속에 도착해 있다. 이 때문에 어릴 적에는 주의가 산만하다는 지적을 많이 들었다.

이제 와서 생각해 보면 어릴 때부터 철학적 기질이 있었던 게 아닐까 싶다. 나는 니체까지는 아니었지만 망상을 통해 사물을 다양한 시점에서 파악하곤 했다. 다시 한번 말하지만 **사물의 본질에 다가서려면 여러 가지 시점과 해석이 필요하다.**

사물을 다면적으로 파악하는 행위는 곧 아이디어 창출로 이어진다. **아이디어란 눈앞에 있는 사물을 얼마나 다양한 시점으로 파악하느냐에 달려 있기 때문이다.** 이쯤 되면 망상벽이 아이디어 창출에 매우 유익한 능력임을 이해했으리라 생각한다.

　그렇다면 어떻게 해야 망상을 습관화할 수 있을까? 내가 추천하는 방법은 '혼자서 하는 연상 게임'이다. 한가할 때 아무거나 사물을 하나 선택한 뒤 여기서부터 연상 게임을 시작해 보는 것이다. 예를 들어 회의실에서 문득 시계가 눈에 들어왔다면, 시계가 우주선이 되어 하늘을 난다면 어떨까 상상해 본다. 이어서 우주선이 인류의 터전이 된다면 어떨까, 아님 우주선이 미지의 행성에 도착한다면 그곳에는 어떤 세계가 펼쳐질까 등을 계속해서 연상한다. 아, 물론 회의에 방해가 되지 않는 선에서 해야 한다는 점은 다들 알고 있으리라 믿는다.

억지로 잠들지 마라

힐티의 '수면론'

누구나 그럴지도 모르지만 나는 잘 자고 일어났을 때 머리가 가장 잘 돌아간다. 그래서 아이디어를 위해서는 무엇보다 숙면이 중요하다고 생각한다. 일정 시간, 양질의 잠을 자는 것이다. 그런데 요즘 수면에 곤란함을 겪는 사람이 많다. 그만큼 숙면을 습관화하기란 쉬운 일이 아니다.

여기서 살펴볼 인물이 수면 전문가라고 불러도 좋을,

스위스 철학자 칼 힐티1833~1909다. 3대 행복론(힐티의 저서와 함께 알랭의 《아주 오래된 행복론》, 버트런드 러셀의 《행복의 정복》은 철학계에서 3대 행복론으로 불린다-옮긴이) 중 하나인 《행복론》의 저자로도 유명하다.

잠이 오지 않는 밤에는 자지 않는다

힐티 수면 철학의 핵심은 다름 아닌 '억지로 자지 않기'다. 수면장애 등으로 잠 못 이루는 사람들은 대개 무언가 마음에 걸리는 일을 안고 있다. 그렇다면 차라리 자지 말고 문제를 해결해서 잠이 오게끔 하자는 논리다.

실제로 잠 못 드는 밤에 인생에서 중요한 결단을 내린 사람이 많다. 그런 의미에서 힐티는 '**잠이 오지 않는 것은 신이 보낸 메시지**'라고 말한다. 조금 신비로운 이야기처럼 들릴지도 모르지만 힐티는 독실한 크리스천이었기에 진심으로 그렇게 믿고 있었다.

하지만 이는 그렇게 간단한 문제가 아니다. 애초에 쉽게 해결되는 문제라면 그렇게 잠도 못 이룰 만큼 고민에 빠졌을 리가 없지 않은가. 스스로 답을 구하지 못해서 문제가 해결되지 않은 채 꼬리를 물고 이어졌을 테니 말이다.

여기서 힐티가 추천하는 방법이 '믿을 수 있는 사람에게 상담하기'다. 하지만 대개 사람들이 잠 못 이루고 괴로워하는 때는 늦은 밤이다. 그 시간에 누군가에게 상담을 요청하기란 쉽지 않다. 제아무리 믿을 수 있는 사람이라고 해도 폐를 끼칠 수는 없기 때문이다.

그래서 힐티는 혼자 마음속으로 믿을 수 있는 사람에게 상담하는 '가상 상담'을 제안한다. 마치 가족이나 친구에게 상담을 하듯이 머릿속에서 혼자 대화를 주고받는 방법이다. 힐티는 적당한 상담 상대가 없다면 신에게 상담하기를 권했지만 이는 신을 믿지 않는 이들에게는 어려운 일이므로 이와 함께 책 읽기를 적극 추천했다. 좋아하는 책이나 머리맡에 있는 책을 읽다 보면 때로는 문제

해결의 실마리를 얻을 수 있다.

요즘에는 SNS나 동영상을 보는 방법도 있다. 나는 틱톡으로 동영상을 자주 본다. 자기 전에 밝은 빛이 나오는 화면은 보지 말아야 한다고 하지만, 이는 어디까지나 잠을 잘 자기 위한 방법 중 하나이니 잠이 오지 않아서 일찌감치 잠자기를 포기했다면 불을 켜고 스마트폰을 본다고 해서 나쁠 건 없다고 생각한다. 틱톡에는 정보가 무궁무진하다. 알고리즘을 타고 자신이 좋아할 만한 동영상을 끊임없이 추천해 주기 때문에 무의식적으로 내가 바라던 내용이 눈앞에 펼쳐지기도 한다.

틱톡 속 동영상을 보다 보면 문득 내가 왜 잠이 들지 못했는지 깨닫기도 한다. '아, 나는 이게 하고 싶었구나' 혹은 '이 점이 마음에 걸렸던 거네' 하고 생각이 또렷하게 정리되는 식이다. 시험 삼아 자주 보는 동영상을 정리한 다음 그 안에서 공통점을 찾아보자. 분명히 몇 개의 키워드가 떠오를 것이다. 언뜻 관련 없는 듯 보이는 스포츠 동영상과 예술 동영상 혹은 뉴스 등이 사실은 점과 점으로 이어진 선처럼 연결되어 있음을 알 수 있다. 그 연결 고리 속에서 내 안의 문제에 관한 실마리를 찾을 수도 있다. 힐티가 살아 있었다면 분명히 잠이 안 올 때는 틱톡을 보라고 권유했을 것이다.

잠이 오지 않는 밤에는 차라리 벌떡 일어나서 문제를 철저하게 고민해 보는 시간을 갖자. 어쩌면 인생의 전환점이 찾아올지도 모른다. 그리고 무엇보다 철저하게 고민한 후에 문제 해결의 실마리를 찾는다면 그다음에는 푹 잘 수 있다.

나는 아이디어를 내는 날은 가능하면 늦게까지 잘 수 있는 날로 잡는다. 물론 일정을 그렇게 마음대로 조정하기는 쉽지 않다. 게다가 소소한 것까지 포함하면 아이디어는 매일 필요해진다. 그러므로 힐티의 조언을 참고해서 되도록 매일 푹 잘 수 있도록 숙면을 위한 습관을 들이려고 노력한다.

Philosophical
Thinking

3장

아이디어를
실현하는 법

좋은 아이디어가 떠올랐어도 이를 형상화하지 못한다면 다른 사람에게 전달할 수가 없다. 그러므로 아이디어를 내는 과정에는 아이디어 구상뿐 아니라 다른 사람이 이해하기 쉽게 발표하는 부분까지 포함된다. 마지막 3장에서는 아이디어를 구체적으로 형상화하기 위해 필요한 철학을 소개하겠다.

설계하라

미키 기요시의 '구상력'

사고와 감정이 뒤섞인 행위

어떤 아이디어든 처음에는 이를 설계하는 과정이 필요하다. 무슨 일이든 시작할 때는 설계도부터 만드는 법이기 때문이다. 그래서 이번에는 일본 철학자 미키 기요시1897-1945의 '구상력'이란 개념을 참고하고자 한다.

미키 기요시가 말하는 구상력이란 '로고스논리적인 언어'와

'파토스감정'의 근원에 있으며, 양자를 통일하여 형태를 만드는 작업이다. **'구상하기'란 단순히 머리로만 하는 작업이 아니라 감정도 필요한 일이라는 뜻이다.**

즉, 로고스와 파토스를 하나로 통일시키는 행위가 곧 구상이다. 가만 보면, 뭔가를 만들고 싶다는 생각이 들었을 때 우리 머릿속은 말 그대로 '사고'와 '감정'이 한데 뒤섞인 상태가 된다. 물론 머리를 굴리지 않으면 어떤 것도 만들 수 없지만, 그 이상으로 뭔가를 만들고 싶다는 감정과 열정이 따라 줘야 일이 시작되는 법이다.

설계를 하려면 미키 기요시가 말하는 구상력이 필요하다. 영어로 설계를 '디자인'이라고 하는데, 디자인이란 뭔가의 '형태를 만드는 일'과도 같다. 무에서 유로 형태가 만들어지려면 먼저 감정의 풍선을 부풀리듯 내 안의 생각을 밖으로 방출해야 한다. 사실 미키의 구상력의 근원에는 '허무'라는 개념이 가로 놓여 있다. '아무것도 없는 듯한 공허함'이 구상의 원동력이 되는 셈이다. 그래서 그는 구상이 갖는 의미를 더욱더 중요하게 여겼다.

자신의 감정을 솔직하게 표현하는 연습

이 살벌한 세상에 뭔가를 내놓으려면 아이디어가 필요하다. 그리고 아이디어를 위해서는 먼저 설계를 해야 한다. 가능한 감정을 크게 부풀려서 조금씩 형태를 만들어 가야 한다. 그런 의미에서 **설계하는 힘이란 감정을 솔직하게 표현해서 형상화하는 힘**과 다를 바 없다. 이와 같은 힘을 튼튼하게 길러 두면 설계의 첫걸음을 무사히 내디딜 수 있다.

만일 앞에서 소개한 방법을 다 써 봐도 아이디어를 낼 의지가 생기지 않는다면 일단은 감정을 솔직하게 표현하는 연습부터 해 보자. 말하자면 아이디어를 내기 위한 준비운동이다. 열정이 들끓어 오를 때야 상관없지만 그렇지 않다면 우리의 감정을 아이디어 모드로 전환시키는 과정이 필요하다. 마치 스포츠나 악기 연주를 할 때 몸을 풀듯이 말이다. 그러면 신기하게도 우리 몸은 이에 반응해서 점차 변하기 시작한다.

희로애락 중 어떤 감정이어도 좋으니 자신의 감정을 언어나 간단한 그림으로 표현해 보자. 만일 이조차도 어렵게 느껴진다면 아무거나 손에 쥐고 기분 내키는 대로 만져 보자. 감정이 부풀어 올라서 형태로 자리 잡기 위한 계기가 필요하기 때문이다. 준비운동으로 아주 조금이라도 감정이 동요하기 시작한다면 그다음에는 그저 흐름에 몸을 맡기면 된다.

*

자신을 조각하라

플로티노스의 '미의 철학'

먼저 나 자신을 규정하기

아이디어를 형상화할 때 아이디어만큼 중요한 것이 '자기 자신을 형상화하는 일'이다. 무슨 뜻인지 이해가 안 갈지도 모르지만, **아이디어를 떠올리는 일은 사실 나 자신을 만드는 일**과 다를 바 없다. 아이디어란 내 안에서 만들어지는 것이라 나라는 존재가 확실하게 규정되어 있지 않으면 그 어떤 아이디어도 나올 수 없기 때문이다. 그래서 나 자신을 갈고닦는 일이 곧 아이디어를 형상화 하는 일로 이어진다.

여기서 참고하면 좋을 내용이 이집트의 철학자 플로티 노스205?~270가 주장한 '미의 철학'이다. 그는 3세기 인물 이어서 당시 이집트는 고대 로마의 지배하에 있었다. 다 음은 플로티노스의 가르침이 단적으로 표현된 문장이다.

"조각가가 조각상을 완성하듯 끊임없이 자신의 완성에 착수하라."

이는 자기 자신을 조각상으로 여기고 항상 갈고닦으라 는 뜻이다. 우리는 조각을 할 때 필요 없는 부분을 잘라낸 다. 플로티노스는 나 자신을 조각할 때도 이와 마찬가지 로 자신에게 불필요한 부분을 잘라 내야 한다고 말한다.

내 안의 여분은 잘라 버리기

자신을 갈고닦는 일이란 자신에게 불필요한 부분을 버리는 일과 같다. 그리하여 이상적인 상태로 나아감을 뜻한다.

자신을 갈고닦는다고 하면 보통은 오래된 콤플렉스를 해소하거나 과거의 나에서 한 걸음 나아가 성장하는 과정을 가리킨다고 여긴다. 하지만 플로티노스의 생각은 이와 다르다. 그는 자신을 갈고닦으려면 자신에게 불필요한 부분, 즉 여분을 버려야 한다고 설명한다.

유명한 예술가가 인격적으로도 훌륭하고 마치 위대한 철학자인 듯 느껴지는 경우가 있다. 이는 그들이 작품을 만드는 동안 자기 자신도 끊임없이 갈고닦으며 이상적인 나를 만들기 위해 노력하기 때문이다. 어떻게 보면 훌륭한 예술 작품이란 그러한 노력의 결과물 중 하나일 뿐인데 눈에 보인다는 이유로 우리는 그것이 전부인 양 착각하는지도 모른다.

자신에게 불필요한 부분을 깎아 낸다 ⇒ 자신에게 묻는다

스스로에게 끊임없이 물어보기

그렇다면 어떻게 해야 자신에게 불필요한 부분을 깎

아 내면서 나를 갈고닦을 수 있을까? 여기에서 핵심은 **'나 자신에게 질문하기'**다. 무엇을 만들든 그 과정에서 자신에게 질문하기를 멈추지 않아야 한다. '나는 무엇을 표현하고 싶은가?', '나는 어떤 사람이 되고 싶은가?', '이상적인 나는 어떤 모습인가?'와 같이 말이다. 이러한 습관을 몸에 익혀 두면 분명히 아이디어를 형상화하는 일이 매우 쉽게 느껴질 것이다. 왜냐하면 자신의 형태가 완성된 후에는 무엇을 만들든 그 형태에 소재를 끼워 넣듯이 작업하면 되기 때문이다. 말하자면 자신의 스타일을 확립하는 것이다. 스타일이 확립되면 이후 작업은 물 흐르듯 쉬워진다. 훌륭한 예술가가 빚어낸 작품이란 스스로 완성한 '나 자신의 형태에서 나온 결과물'이다. **무언가를 만드는 것은 그야말로 나 자신을 만드는 일과 같다.**

나는 다른 사람들로부터 "책을 정말 많이 쓰시네요"라는 말을 자주 듣는다. 사실은 이 역시 나만의 스타일이 확립되어 있기 때문에 가능한 일이다. 주제나 목적에 따라 세부 내용은 달라지지만, 나는 기본적으로 역사 속 뛰어난 철학자의 지혜를 내 나름대로 해석하고 고쳐서 이를 현대 사회에 맞게끔 재구성하는 방향을 추구한다.

내가 이러한 스타일을 고집하는 이유는 이것이야말로 내가 하고 싶은 일이기 때문이다. 나는 철학과 현대 사회를 연결하는 중개자가 되고 싶다. 이를 깨닫고 난 다음에는 아이디어가 무한히 샘솟기 시작했다. 이후에는 그저 아이디어를 언어로 풀어내는 작업에 몰두하면 됐다. 이처럼 플로티노스의 철학은 내가 지금 실천하고 있는 방법이기도 하다.

행동하며 동시에 생각하라

니시다 기타로의 '행위적 직관'

아이디어를 형상화할 때 우리는 생각한 다음에 행동에 옮겨야 할지, 아니면 행동하면서 동시에 생각해야 할지 고민에 빠진다. 물론 곰곰이 생각한 다음에 행동에 옮기는 편이 두 번 작업하지 않아서 좋긴 하다. 하지만 이러한 순서에 고집하다가는 아무리 시간이 흘러도 결과물이 나오지 않을 때도 있다.

이럴 때는 철학자 니시다 기타로1870~1945의 '행위적 직

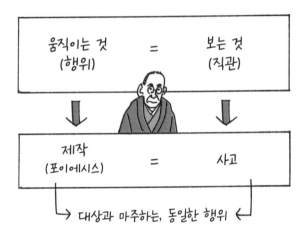

관'이라는 개념이 도움이 된다. 그에 따르면 **'움직이는 것은 곧 보는 것'**이다.

여기서 '움직이는 것'이란 '행위'를, '보는 것'이란 '직관'을 의미한다. 니시다는 이에 덧붙여 행위란 '포이에시스제작'이며, 직관이란 '사고'라고 설명한다. 정리하자면 '제작'이 곧 '사고'라고 본 것이다. 따라서 '아이디어 구상'과

'제작'은 사실상 '대상과 마주하는, 동일한 행위'에 해당한다.

하지만 막상 현실에서는 아이디어 구상과 제작에는 전혀 다른 종류의 작업이 필요하다. 따라서 우리는 니시다 기타로의 말을 구상과 제작의 균형을 어떻게 잡느냐로 이해해야 한다. 다시 말해, 정해진 시간과 에너지 안에서 구상과 제작 중 어느 것에 더 중점을 둘지 잘 판단해야 한다. 그리고 이는 보통 사안에 따라서 자연스럽게 정해진다. 구상에 더 시간이 필요한 일과, 제작에 더 시간이 필요한 일이 나뉘기 때문이다.

따라서 구상에 들어간 시간이 얼마 되지 않는다고 해서 그 일이 허술하다고 여겨서는 안 된다. 그 일이 필요로 하는 구상과 제작의 균형이 딱 그 정도였을 뿐이다. 따라서 구상과 제작에 들어간 시간을 통틀어서 종합적으로 계산해야 한다. 극단적인 경우에는 아무런 사전 구상 없이도 작품을 완성할 수 있다. 그 작품에는 그러한 작업 방식이 필요했을 뿐이다.

그래도 여전히 믿음이 가지 않는다면 한번 실험을 해봐도 좋다. 구상에 시간이 많이 필요한 작업과 제작에 시간이 많이 필요한 작업을 각각 해 본 다음, 두 작업의 성과가 모두 나쁘지 않음을 경험해 보는 방법이다. 객관적인 성과를 눈으로 확인하면 의심은 사라질 것이다.

그저 몸을 움직였을 뿐인데 아이디어가 나온다?

다시 처음에 했던 질문으로 돌아가면, 우리는 **생각한 다음에 행동에 옮겨도 되고 행동하면서 동시에 생각해도 좋다.** 순서도 상관없고, 어느 것에 더 중점을 둘지도 그때그때 상황에 맞춰 결정하면 된다.

다만 좀처럼 결과물이 나오지 않는 사람이라면 생각하면서 동시에 행동하기를 추천한다. 이러한 경향의 사람은 뭔가 형태가 보이기 시작하면 그때부터 흐름을 타면서 앞으로 죽죽 일이 진행되는 경우가 많기 때문이다. 대

부분의 일은 도중에 수정이 가능하므로 부담 갖지 말고 그냥 한번 손을 움직여 본다는 자세로 일을 시작해 보자.

솔직히 말하면 나도 이런 스타일이다. 그래서 때로는 아무런 생각도 하지 않고 손을 움직일 때도 있다. 점토로 무언가를 만들 때도 그냥 만지작거리다 보면 자연스럽게 어떤 형태가 만들어지곤 한다. 그리고 그것이 하나의 힌트가 되어 새로운 아이디어로 이어진다. 그러면 다시 그 아이디어를 형태로 만들면 된다. 그야말로 '행위적 직관의 실천'이다.

글을 쓸 때도 마찬가지다. 구체적인 계획이 없어도 일단 키보드를 두드리다 보면 어느새 문장이 완성될 때가 많다. 몸과 마음은 연결되어 있으므로 마음이 무거워서 꼼짝도 안 할 때는 억지로라도 몸을 가볍게 움직여 보자. 자연스럽게 마음도 조금씩 반응하기 시작할 것이다.

산책도 좋다. 실제로 니시다도 산책을 하면서 사색한 인물로 유명하다. 그래서 그가 매일 걸었던 교토의 사찰 긴카쿠지 주변은 철학의 거리로 관광명소가 되었다. 니시다뿐 아니다. 원래 철학의 거리라는 이름은 니시다처럼 산책이 습관이었던 칸트가 걸었던 거리에서 나온 말이다. 또 아리스토텔레스도 제자들과 걸으면서 사색하여 소요逍遙학파라고 불리기도 했다.

나 역시 생각이 막힐 때면 산책하기를 즐겨한다. 키우는 개가 있어서 같이 산책할 겸 자주 집을 나선다. 그러면 방에서 매일 똑같은 풍경을 볼 때와는 다르게 다양한 사물이 시야에 들어온다. 그것만으로도 큰 자극이 된다. 게다가 몸을 움직이면 전신에 기분 좋은 자극이 전해지고 머리도 활성화된다. 그리고 두말할 필요 없이 아이디어의 형상화로도 이어진다. 결국 나도 모르는 사이에 산책이 아이디어를 형상화한 셈이다.

생각의 씨앗을
공유하라
듀이의 '실용주의'

아이디어를 형상화할 때는 '결국 마지막에 가서 완성하면 된다'라는 생각을 염두에 두자. 일단은 뭐가 됐든 형태로 구현하는 것이 중요하니 그다음에는 계속해서 수정하고 업그레이드하면서 완성을 향해 나아가면 된다.

이러한 발상에 도움이 되는 철학이 미국에서 시작된 '프래그머티즘실용주의'이다. 프래그머티즘은 그리스어로 행위나 실천을 의미하는 '프래그마'라는 말에서 유래한

만큼 그야말로 '실천을 위한 철학'이다. 그래서 실용주의라고 번역되기도 한다.

미국 자체가 아무것도 없는 황무지를 개척해서 세계 1위로 올라선 나라다. 정치든 경제든 일단 '실천 제일주의'라는 사상을 바탕으로 많은 성공을 거둔 만큼 프래그머티즘은 가장 미국다운 철학이라고 할 수 있다.

아이디어는 반드시 시행착오를 거친다

아이디어를 형상화하는 데 있어서도 가장 중요한 자세는 '일단 해 보자'다. 일단 시작한 다음에 이를 어떻게 수정해 나갈지가 중요하다.

프래그머티즘을 확립한 이는 존 듀이1859-1952라는 철학자인데, 그가 '문제해결형 교육의 아버지'라고도 불리는 것은 결코 우연이 아니다. 최근 교육 현장에서는 문제해결형 교육이 도입되고 있다. 초등학교에서는 액티브

러닝 수업이, 고등학교에서는 탐구 수업이, 그리고 대학에서는 PBL과제 해결형 학습이 활발히 시행되고 있다. 이 수업들은 모두 **'시행착오를 반복하면서 최상의 해결책을 이끌어 내는 방법을 가르친다'**라는 점에서 공통한다.

기존의 교육은 미리 답이 정해져 있고 여기에 어떻게 도달할지 요령을 가르치는 방법이 주였다. 하지만 문제해결형 교육에서는 스스로 답을 구해야만 한다. 당연히 그 과정도 하나가 아니어서 어떠한 방법이 정답인지는 아무도 모른다. 최상의 답을 이끌어 낸 방법이 나중에야 가장 정답에 가까웠다고 인정될 뿐이다. 말하자면 **지금의 교육은 프래그머티즘의 사상을 체현하고 있는 셈이다.** 이러한 문제해결형 훈련 방식을 체득하면 아이디어를 형상화하는 데에도 큰 도움이 된다.

과거와 다르게 요즘 교육에서는 아이디어 구상의 중요성을 인식하고 있다. 하지만 나를 포함한 전 세대의 사람은 이러한 교육의 혜택을 누리지 못했으므로 프래그머티즘을 의식해서 **'일단 해 보자'**라는 마인드를 갖는 것이 중요하다.

생각의 씨앗을 만들어 내는 일

아이디어를 형상화할 때 가장 큰 방해가 되는 태도 중
하나가 완벽주의다. 애초에 아이디어에 완벽함은 있을
수 없다. 그런데도 완벽함에 매달리다가는 시간을 아무
리 들여도 아이디어를 구현하기 어려워지고 사람들 앞에
서 내 아이디어를 선보일 기회도 오지 않는다.

따라서 역발상이 필요하다. **아이디어는 항상 현재진
행형 시제품으로 중간 단계에 걸쳐져 있다고 여기자.** 아
이디어를 갈고닦는 과정 자체가 의미 있다는 말이다. 이
를 위해서는 어떤 상황에서도 용기를 잃지 말고 대담하
게 사람들 앞에서 자신의 아이디어를 마음껏 선보여야
한다.

또한 이렇게 하는 편이 사람들의 다양한 의견을 모을

수 있어서 진짜 좋은 제품으로 완성할 확률이 높아진다. 모처럼 괜찮은 아이디어의 씨앗을 얻었다면 책상 속에 처박아 두기보다는 여러 사람 앞에 선보여서 함께 키워 나가는 편이 훨씬 효율적이다.

완성된 아이디어가 아닌 아이디어의 씨앗만 떠올렸을지라도 주변 사람들과 사회는 이를 인정해 주고 높이 평가한다. 씨앗 자체를 만들어 내는 일이 가장 어렵다는 사실을 모두 알고 있기 때문이다. 타인들의 평가를 두려워하기보다는 내 안에 있는 완벽주의가 가장 큰 적임을 깨닫자.

*

말로써 사람의 마음을
움직여라

아리스토텔레스의 '변론술'

아이디어는 결국 누군가에게 선택을 받아야만 실현될 수 있다. 따라서 상대방에게 아이디어를 전달하는 발표 또한 매우 중요한 과정이 아닐 수 없다. 여기서 참고할 만한 내용이 아리스토텔레스가 설파한 '변론술'이다. 그에 따르면 언어로 사람을 움직이기 위해서는 다음의 3가지 요소가 반드시 필요하다.

① 에토스

② 파토스

③ 로고스

에토스는 말하는 사람의 인격과 신뢰성을 의미한다. 확실히 어떤 사람이 이야기하느냐에 따라 설득력이 크게 좌지우지된다. 흔히들 '**무엇을 말하느냐보다, 누가 말하느냐가 중요하다**'라고 하는데 결코 틀린 말이 아니다. 따라서 우선은 신뢰할 만한 사람이 되거나 믿음을 줄 만한 분위기를 풍기는 것이 선행되어야 한다. 발표할 때 옷차림과 같은 TPO(Time, Place, Occasion. 때와 장소, 경우에 따라 복장이나 행위, 말씨 등을 다르게 하는 일-옮긴이)를 중시하는 이유가 여기에 있다.

다음으로 파토스는 감정을 의미한다. 말하는 사람은 듣는 사람이 어떻게 받아들일지 신경을 쓰고 공감을 얻기 위해 노력해야 한다. 따라서 **발표를 일종의 대화**라고 여기자. 상대방의 감정을 무시한 일방적인 연설로는 아무엇도 전달할 수 없다.

마지막 로고스는 논리를 의미하는 말이다. 이야기가 논리적이어야 사람들이 이해하기도 쉽다. 따라서 이야기의 구조부터 흐름, 표현 하나하나까지 논리성을 염두에 두고 짜야 한다.

최고의 발표로 만들어 주는 또 하나의 요소

위에서 말한 3가지 요소를 두루 갖춘 발표는 설득력이 있으며 흠잡을 데가 없다. 다만 아이디어에 관한 발표임을 감안한다면 한 가지 요소를 더 염두에 두면 좋다.

바로 유머다. 유머에는 사람을 누그러뜨리는 신비한 힘이 있다. 유머로 발표장의 분위기를 온화하게 만드는 일도 발표에 매우 중요한 요소 중 하나다. 일부러 자학적인 발언을 해도 좋고 말장난을 던져도 좋다.

유머가 넘치는 발표는 언제나 즐겁다. 아이디어에 관

한 발표이므로 이 아이디어가 실현되면 지금처럼 모두가 즐거워질 수 있다는 느낌을 받게 해야 한다. 그러므로 발표할 때는 유머를 섞어야 한다. 아이디어와 직접적인 관계가 있다면 가장 좋겠지만 그렇지 않더라도 유머를 섞어 전달하다 보면 듣는 사람은 그 아이디어를 즐겁게 받아들인다.

가장 간단한 방법은 어떻게든 웃음을 만드는 것이다. 기묘하게도 아리스토텔레스는 동물에 대해 논한 논고 속에서 '웃는 동물은 인간뿐이다'라고 말한 바 있다. 그만큼 그 역시 웃음을 매우 중요하게 여겼다. 물론 지금은 다양한 연구에서 인간 외에도 웃는 동물이 있다는 사실이 밝혀졌지만 말이다.

아무튼 사람은 웃으면 기분이 좋아진다. 기분이 좋아지면 아이디어도 더 잘 받아들여진다. 다른 사람을 웃게 하는 데 영 소질이 없다면 내가 먼저 웃어 보자. 웃음에는 전염성이 있어서 내가 웃으면 다른 사람들도 덩달아 웃는다. **웃으면 복이 아니라 아이디어가 온다.**

에필로그

AI, 철학, 인간

본문에서도 말했지만 AI가 발전하면 할수록 신기하게
도 이와는 대척점에 있는 오래된 학문, 철학이 주목받게
될 것이다. AI와 철학은 전혀 다른 성질의 것이어서 철학
에는 AI가 만들어 내는 문제를 뛰어넘을 수 있는 잠재적
인 능력이 숨어 있다.

인간의 일을 대부분 AI가 대신하면서 우리의 사고력
과 창조성은 점차 퇴화하리라는 우려 섞인 목소리가 나
오고 있다. 하지만 **철학적으로 사고하면 인간은 결코 AI
에 질 수 없다.** 다들 이와 같은 기대를 안고 철학에 열띤

관심을 보인다.

철학은 AI와 인간이 현명하게 공존하도록 돕는 구세주와 같은 역할을 할 것이다. 인간이 할 수 있는 일은 무엇인가, 그리고 AI를 어떻게 제어할 것인가. 이에 관한 답은 모두 철학에 있다.

이 책을 읽은 분들은 이미 알고 있겠지만 철학으로 인간만이 가능한 사고를 하고, 이제껏 없던 아이디어를 창출할 수 있다면 AI는 편리한 도구로서 우리들의 조력자가 될 수 있다. 틀림없이 AI는 앞으로도 점점 더 발전할 것이다. 어쩌면 의식을 지닌 자율형 AI도 등장할지 모른다. 하지만 그럼에도 인간이 더 우세한 부분이 있다. 바로 인간은 철학할 수 있다는 점이다. **철학은 욕망을 품고 죽음을 알고 있는 인간만이 유일하게 할 수 있는 심원한 사고다.**

그러한 인간이 철학을 통해 아이디어를 창출하는 일은 설령 자율형일지라도 기계에 지나지 않는 AI에는 불가능하다. 이 책 마지막 부분에 이 점을 꼭 여러분에게 전달하고 싶었다. 앞으로 세상이 어떻게 변하든 우리 인간은 철학적 사고를 통해 아이디어를 구상할 수 있다는 사실에 자긍심을 가졌으면 좋겠다.

책을 집필하면서 많은 분에게 도움을 받았다. 특히 일본 포레스트출판 주식회사 출판국 편집부 야마다 린코 씨에게는 기획부터 교정까지 전 과정에 있어서 세심한 지원을 받았다. 이 자리를 빌려 감사함을 전하고 싶다. 덧붙여 이 책을 읽어준 모든 분에게도 진심으로 감사하다는 인사를 남기고 싶다.

2024년 3월

오가와 히토시

참고 문헌

- 플라톤, 《프로타고라스》, 강성훈 역, 아카넷, 2021.

- 질 들뢰즈, 펠릭스 가타리, 《철학이란 무엇인가》, 이정임·윤정임 역, 현대미학사, 1995.

- 아리스토텔레스, 《시학》, 이상인 역, 길, 2023.

- 칸트, 《순수이성비판》, 정명오 역, 동서문화사, 2016.

- 게오르크 빌헬름 프리드리히 헤겔, 《정신현상학》, 김양순 역, 동서문화사, 2016.

- 에드문트 후설, 《순수현상학과 현상학적 철학의 이념들 1~3》, 이종훈 역, 한길사, 2021~2022.

- 미셸 푸코, 《지식의 고고학》, 이정우 역, 민음사, 1992.

- 자크 데리다, 《법의 힘》, 진태원 역, 문학과지성사, 2004.

- 질 들뢰즈, 펠릭스 가타리, 《천 개의 고원》, 김재인 역, 새물결, 2001.

- 노가미 시가쿠, 《데이비드 루이스의 철학デイヴィッド·ルイスの哲学》, 세이도사, 2020.

- 카트린 말라부, 《헤겔의 미래ヘーゲルの未来》, 니시야마 유지 역, 미라이샤, 2005.

- 마르쿠스 가브리엘, 《왜 세계는 존재하지 않는가》, 김희상 역, 열린책들, 2017.

- 플라톤, 《테아이테토스》, 정준영 역, 아카넷, 2022.

- 프랜시스 베이컨, 《신기관》, 김홍표 역, 지식을만드는지식, 2014.

- 로제 카이와, 《놀이와 인간》, 이상률 역, 문예출판사, 2018.

- 오이시 기치로 외, 《축쇄판 니체 사전縮刷版 ニーチェ事典》, 고분도, 2014.

- 칼 힐티, 《잠 못 이루는 밤을 위하여》, 송영택 역, 문예출판사, 2015.

- 미키 기요시, 《구상력의 논리構想力の論理》, 이와나미서점, 1939.

- 플로티노스, 《미에 대하여美について》, 사콘지 사치코 역, 고단사, 2020.

- 다케우치 요시토모, 《니시다 철학의 '행위적 직관西田哲学の行為的直観》, 농산 어촌문화협회, 2002.

- 존 듀이, 《경험과 교육》, 강윤중 역, 배영사, 2018.

- 아리스토텔레스, 《변론술弁論術》, 도쓰카 시치로, 이와나미서점, 1992.

옮긴이 이정미

성균관대학교 신문방송학과를 졸업한 뒤 일본 도서 번역 및 기획을 하고 있다. 바른번역에서
일어 출판번역 전 과정을 수료했으며, 제22회 한국번역가협회 신인번역장려상을 수상했다.
옮긴 책으로는 《교양으로 읽는 서양음악사》, 《세상의 모든 이야기는 신화에서 시작되었다》,
《70세의 정답》, 《알아두면 돈이 되는 브랜딩》, 《프로세스 이코노미》 등이 있다.

탁월한 생각은 철학에서 시작된다

초판 1쇄 발행 2025년 3월 20일

지은이 오가와 히토시
옮긴이 이정미
펴낸이 민혜영
펴낸곳 오아시스
주소 서울특별시 마포구 월드컵로14길 56, 3~5층
전화 02-303-5580 | **팩스** 02-2179-8768
홈페이지 www.cassiopeiabook.com | **전자우편** editor@cassiopeiabook.com
출판등록 2012년 12월 27일 제2014-000277호

ⓒ오가와 히토시, 2025
ISBN 979-11-6827-286-6 03100